AF388700

BIBLIOTHÈQUE

DES

ÉCOLES CHRÉTIENNES

APPROUVÉE

PAR S. ÉM. LE CARDINAL ARCHEVÊQUE DE TOURS

—

2ᵉ SÉRIE

Harold se précipita dans la mêlée, et mourut percé d'une
flèche qui lui traversa l'œil.

LES
CONQUÉRANTS
CÉLÈBRES

PAR

M. DE CHAVANNES

—

DEUXIÈME ÉDITION

TOURS

A.ᵈ MAME ET Cⁱᵉ, IMPRIMEURS-LIBRAIRES

—

1856

CONQUÉRANTS

CÉLÈBRES

ALEXANDRE

Dans la seconde moitié de la 356ᵉ année avant la naissance de Jésus--Christ, naquit à Pella, en Macédoine, un homme qui devait un jour étonner le monde par ses vertus et ses vices, et servir de point de mire à tous les conquérants, jaloux de marcher sur ses traces. Cet homme était Alexandre, surnommé le Grand, fils de Philippe, roi de Macédoine. Alexandre descendait par son père d'Hercule, et par sa mère de l'illustre famille des Éacides.

Philippe n'oublia rien pour donner à son successeur une éducation conforme à ses hautes destinées. Il lui choisit pour gouverneur un homme grave et austère, d'une moralité irréprochable, qui s'appelait Léonidas.

Malheureusement le roi lui adjoignit l'Acarnanien Lysimaque. Tandis que Léonidas s'efforçait de développer les bonnes qualités de son élève, et de combattre les défauts et les passions dont il apercevait le germe, Lysimaque, plus soucieux de se faire bien venir de son futur maître que de lui adresser des remontrances et des avis, ne cherchait qu'à lui plaire en l'applaudissant et en s'extasiant sans cesse devant toutes ses paroles.

« Il est à croire, dit un des plus anciens historiens d'Alexandre, que ce fut cet indigne précepteur qui gâta l'ouvrage de Léonidas, et laissa germer dans le cœur du fils de Philippe cette soif de la domination, cette impatience de tout frein, cette horreur de toute contradiction, cet immense orgueil qui faisaient le fond du caractère d'Alexandre, et n'attendaient que l'enivrement du succès pour se développer. En voyant un homme comme Philippe se laisser circonvenir par Lysimaque, on ne peut s'empêcher de reconnaître combien il est difficile aux souverains de ne pas tomber dans les piéges que les flatteurs tendent devant leurs pas, et de ne point prendre pour du dévouement et de l'affection ce qui n'est en réalité que le calcul intéressé d'une âme vile et rampante. »

Philippe, le jour même de la naissance de son fils, avait écrit à Aristote une lettre restée célèbre, et aussi glorieuse pour celui qui l'a écrite que pour celui à qui elle était adressée.

Cette lettre, la voici :

« Sachez qu'il m'est né un fils : je rends grâces
« aux dieux, non tant à cause de la naissance de
« cet enfant que parce qu'il m'a été donné pen-
« dant le cours de votre vie. J'espère qu'instruit
« et élevé par vous, il sera digne de moi et du
« trône auquel il est destiné. »

Cette lettre prouve que le monarque de Macédoine, en confiant son fils à Léonidas et à Lysimaque, ne lui donna ces précepteurs qu'en attendant qu'il fût en âge de comprendre et d'apprécier les leçons d'Aristote.

Il est du reste assez remarquable que le même siècle ait produit Aristote et Alexandre, les deux plus grandes figures de l'antiquité païenne. Mais, ainsi que le remarque judicieusement un critique (1), « si tous les deux ont joui d'une gloire extraordinaire et sans exemple, toutefois la seule véritable et digne d'envie, puisque l'humanité n'a pas à en gémir, est celle du philosophe. Les beaux monuments qu'il a laissés, bien préférables aux trophées sanglants de son élève, ne périront qu'avec la raison, le goût, la science et la morale.

(1) Sainte-Croix.

Philippe, en exhortant son fils à écouter les avis d'un si habile maître, ajouta : « afin que tu ne « m'imites pas dans tant d'actions dont je me « repens ; » paroles mémorables qui sont sorties rarement de la bouche des princes. »

Aristote composa plusieurs ouvrages pour son élève, et parmi ceux-ci un traité de l'art de régner dont il ne reste que quelques fragments. Il paraît que ce traité, exclusivement consacré à la morale et à la politique, contenait tout ce qu'Aristote s'était réservé d'enseigner lui-même à Alexandre, se contentant de surveiller les leçons que des professeurs spéciaux donnaient à son élève. Cela était d'autant plus facile à Aristote, qu'il possédait toutes les connaissances acquises de son temps, et que sa vaste érudition n'avait d'autres limites que celles de la science.

Tous les historiens qui ont écrit sur Alexandre s'accordent à le représenter dans sa jeunesse comme le modèle des jeunes princes. Ils vantent la pureté de ses mœurs, sa tempérance, sa libéralité, la simplicité de sa vie, ses habitudes laborieuses.

Alexandre portait à Aristote la plus vive affection ; et quoique le philosophe ne lui épargnât ni les conseils ni les remontrances, il eut toujours pour lui les égards et le respect que l'on doit à un père. Aristote, après avoir achevé l'éducation de ce prince, ne demanda d'autre récompense à

Philippe que le rétablissement de la ville de Stagyre sa patrie, détruite par son ordre. Philippe promit au philosophe de relever les murs de Stagyre et de rendre la liberté à ses habitants réduits en esclavage. Mais il n'eut pas le temps de tenir sa promesse, et ce fut Alexandre qui s'en acquitta, à la grande satisfaction d'Aristote.

Dès son enfance, Alexandre surpassait par sa vigueur corporelle tous les compagnons de ses jeux. Son agilité était aussi très-remarquable. En grandissant il conserva cette supériorité physique, et elle devint une des causes de la confiance qu'avaient en lui ses soldats, dont il partageait les périls et les fatigues. Il n'y avait pas dans ses armées un homme qui pût marcher aussi longtemps que lui sans prendre ni sommeil, ni repos, ni nourriture.

Quoique d'une taille médiocre, Alexandre ne paraissait pas aussi petit qu'il l'était en effet, par la juste proportion de tous ses membres et parce qu'il y avait dans son maintien quelque chose d'énergique et de décidé qui imposait. Son teint était blanc, ses joues rosées; ses cheveux dorés frisaient naturellement et tombaient en anneaux sur son cou. Une particularité assez remarquable donnait à sa physionomie une expression étrange, c'était la couleur différente de ses yeux: le droit était noir et le gauche était bleu.

Quelques anecdotes, choisies parmi celles dont

l'authenticité paraît le plus démontrée, nous servirons à faire ressortir le caractère d'Alexandre pendant sa jeunesse, mieux que tout ce que nous pourrions dire.

Quoique le fils de Philippe fût très-avide de louanges, il n'en faisait cas qu'autant qu'elles lui semblaient méritées. Ainsi, malgré l'insistance de ses amis, qui lui conseillaient de disputer le prix de la course aux jeux olympiques, lui promettant une victoire presque certaine, il ne voulut jamais y consentir. « Je le ferais, répondit-il un jour à ceux qui revenaient sur ce sujet, si j'avais des rois pour adversaires. Que m'importe de vaincre des adversaires indignes de moi? »

Toutes les fois que Philippe gagnait quelque victoire signalée ou prenait une place importante, il ne cachait pas la douleur qu'il en éprouvait, et, au lieu de se réjouir avec toute la cour, il s'écriait amèrement : « Mon père ne me laissera rien à faire quand je serai en âge de commander. »

Alexandre avait un grand respect pour les dieux, et se plaisait à leur offrir des sacrifices : un jour, pendant une cérémonie, il jeta dans le feu sacré une si grande quantité d'encens, que Léonidas, son gouverneur, homme sévère qui n'aimait pas la dépense, lui reprocha sa profusion inutile. « Attendez pour brûler tant d'encens, lui dit-il, que vous ayez conquis le pays d'où on l'apporte. » Alexandre, après avoir subjugué l'Arabie, se souvint de l'admonestation de Léonidas, et lui envoya un navire chargé de parfums avec un billet contenant ces mots : « Ne soyez pas à l'avenir si par-« cimonieux en sacrifiant aux dieux, puisque vous « voyez qu'ils rendent avec usure les offrandes « qu'on leur fait. »

Deux satrapes perses, réfugiés à la cour de Philippe pour se soustraire à la colère de leur roi, contre lequel ils s'étaient révoltés, furent tellement frappés des questions que leur adressait continuellement Alexandre, âgé seulement de sept ans, sur les fondements de la puissance royale en Perse, sur les armes dont on s'y servait, sur les habitudes guerrières du peuple, sur la vigueur des chevaux, sur l'état des routes, sur le nombre des journées qu'il y avait de Pella à Suse, qu'ils ne purent s'empêcher de s'écrier en entendant de pareilles questions sortir de la bouche d'un enfant : « Cet enfant est déjà un grand roi, et le nôtre n'est qu'un prince riche. »

La première preuve éclatante qu'Alexandre donna de son courage et de son adresse, ce fut en domptant un cheval fougueux que personne n'avait pu monter avant lui. Ce cheval s'appelait Bucéphale ; le propriétaire de ce magnifique animal l'avait amené à Philippe, et lui en demandait un prix énorme. Avant de l'acheter, Philippe le fit conduire dans une plaine et ordonna à ses écuyers de l'essayer devant lui ; tous le tentèrent en vain, et déclarèrent le cheval inutile et sans valeur, parce qu'on n'en pouvait tirer aucun service.

Alexandre, qui était présent, ne put s'empêcher de dire : « Quel bon cheval vont perdre ces gens-là par leur maladresse et leur peu de courage ! »

Philippe tança vertement son fils de parler ainsi de ses meilleurs écuyers, comme si lui-même se croyait capable de faire mieux qu'eux. « Oui, je le dompterai, répondit Alexandre, si vous voulez me le permettre. »

Toute la cour se prit à rire en entendant ces paroles ; mais Alexandre, après être convenu avec son père qu'il lui donnerait le cheval s'il parvenait à le maîtriser, saisit la bride de Bucéphale, et le tournant de manière à ce qu'il ne pût apercevoir son ombre, s'élança sur son dos avec une adresse merveilleuse.

L'animal n'eut pas plutôt senti le poids du cavalier qu'il entra en furie, et chercha, par ses bonds et ses ruades, à le désarçonner ; ne pouvant y parvenir, il s'élança en avant. Alexandre, bien loin de le retenir, le poussa encore, et quand il voulut s'arrêter, ruisselant de sueur et hors d'haleine, il lui donna de l'éperon, et le força ainsi à prolonger sa course, bien malgré lui, jusqu'à ce qu'il s'arrêtât épuisé et vaincu.

Philippe, pleurant de joie, embrassa son fils

dès qu'il eut mis pied à terre, et ne pût s'empêcher de lui dire : « Le royaume que je te laisserai
est trop petit pour un homme comme toi. »

Quand Alexandre eut atteint sa seizième année,
Philippe, en partant pour le siége de Byzance, lui
confia le gouvernement de la Macédoine pendant
son absence. Les habitants d'une province de la
Thrace soumise à Philippe voulurent profiter de
son éloignement pour lever l'étendard de la révolte et se déclarer indépendants.

Alexandre, ravi de trouver enfin une occasion
favorable de montrer ce dont il se sentait capable,
réunit un corps d'armée, marcha contre les rebelles, les défit, prit leur capitale, les en chassa,
et y établit une colonie d'étrangers qui donnèrent à leur nouvelle patrie le nom d'Alexan-
dropolis.

Dès que Philippe eut appris la rapidité des
succès de son fils, craignant qu'il ne se lançât dans
quelque entreprise au-dessus de ses forces, il l'ap-
pela près de lui, afin de lui montrer, à son école,
à joindre la prudence à la valeur ; et il l'employa à
subjuguer les villes de la Chersonèse.

Forcé de lever le siége de Byzance, non tant à
cause de la force de la place que parce que les
Grecs y jetaient des secours de toute espèce et
contrariaient ses opérations, Philippe tourna ses
armes contre les Scythes, pénétra au cœur de leur
pays, les vainquit, et reprit le chemin de ses États

avec un butin immense, composé de troupeaux, de chevaux et de prisonniers. En traversant le pays des Triballiens, il se trouva tout à coup enveloppé par une nuée de ces barbares, qui lui déclarèrent qu'ils ne livreraient passage, à lui et à son armée, qu'à condition de leur abandonner tout son butin. Philippe rejeta leurs insolentes prétentions, et il s'ensuivit une sanglante bataille dans laquelle le roi se vit trahi par les Grecs mercenaires, qui prétendaient, de leur côté, avoir droit à des dépouilles qu'ils avaient aidé à conquérir. Au fort de la mêlée, Philippe fut atteint à la cuisse d'un javelot lancé avec tant de vigueur, que le même coup renversa son cheval; Alexandre accourut le premier au secours de son père, étendu sur la poussière, le couvrit de son bouclier, et tua ou mit en fuite tous ceux qui l'assaillaient. Tout le butin fut perdu; en sorte que les Macédoniens ne tirèrent d'autre fruit de leur expédition en Scythie, que d'avoir puni l'insolence de leur roi.

Jusqu'à la mort de Philippe son père, Alexandre eut mainte occasion de faire, pour ainsi dire, son apprentissage de général, en combattant les peuples nouvellement soumis à la Macédoine, qui se révoltaient chaque fois qu'ils voyaient Philippe engagé dans de nouvelles expéditions. C'est ainsi qu'Alexandre défit successivement les Illyriens et plusieurs autres peuplades barbares. Mais la bataille dans laquelle le jeune prince montra tout ce qu'il serait un jour fut celle de Chéronée. Les Athéniens et les Thébains, enflammés par les discours de Démosthènes, ayant voulu tenter de s'affranchir d'un seul coup de la domination de Philippe, avaient réuni leurs forces et étaient venus lui offrir le combat dans les plaines de Chéronée. Philippe, chez lequel la prudence était prépondérante, hésitait à jouer une si grosse partie et préférait essayer de désunir les Grecs ligués contre lui; mais il ne put résister aux instances de son fils, qui le conjurait de ne pas laisser perdre une si belle occasion de gloire, et il donna le signal de la bataille.

Pendant une heure la victoire demeura indécise; car les Athéniens et les Thébains combattaient à l'envi les uns des autres, et faisaient des prodiges de valeur. Déjà l'aile commandée par Philippe en personne commençait à plier, quand Alexandre, s'élançant à la tête d'un bataillon d'élite sur la cohorte sacrée des Thébains, l'enfonce et la taille en pièces.

Le roi, à la vue du triomphe de son fils, ne veut pas se laisser surpasser par lui et lui céder tous les honneurs de la journée. Il rallie ses troupes ébranlées et charge les Athéniens, qui, découragés par la défaite des Thébains et pris en queue par Alexandre, se débandent à leur tour.

Cette victoire décida de la liberté de la Grèce, et dès ce moment Philippe ne songea plus qu'à la grande expédition qu'il méditait depuis long-temps. Il se fit à cet effet nommer généralissime de la Grèce, afin, disait-il, de passer en Asie et de délivrer toute la terre de la servitude des Perses.

Ce fut au milieu des immenses préparatifs que nécessitait une pareille entreprise qu'il répudia sa femme Olympias, mère d'Alexandre, princesse orgueilleuse et de mœurs équivoques. Cet éclat blessa vivement Alexandre, qui se retira avec sa mère en Épire; et dès ce moment la bonne har-monie qui jusque-là avait régné entre le père et le fils fut troublée pour ne plus renaître entière-ment. Un jour même, dans un festin, Alexandre, blessé par quelques paroles outrageantes pour sa mère que prononça un de ses oncles paternels, lança à la figure de celui-ci la coupe qu'il tenait à la main. Philippe, qui était présent, saisit son épée et voulut se précipiter sur son fils. Il l'eût tué, si une blessure et son état d'ivresse n'eussent retardé sa marche et donné aux assistants le temps de se jeter devant lui.

Peu de temps après cette altercation, Philippe périt assassiné par un jeune homme nommé Pau-sanias; la conduite qu'Olympias tint après la mort de son époux semble prouver que Pausanias, en frappant Philippe, avait été poussé autant par les instigations de la reine répudiée que par le désir de se venger d'une injure personnelle.

Lorsque cet événement arriva, Alexandre était absent ; en sorte qu'Olympias put se livrer à tous les emportements de son caractère vindicatif et cruel. Elle fit périr sa rivale et le fils que Philippe avait eu de sa nouvelle épouse.

Quand Alexandre revint à Pella, sa position était des plus difficiles. L'orgueil et la cruauté de sa mère avaient indigné le peuple ; les parents de la seconde femme de Philippe s'agitaient, les Gètes et les Triballiens s'étaient soulevés, les Thébains avaient égorgé leur garnison macédonienne, des pirates toscans ravageaient ses côtes ; enfin la Grèce entière paraissait à la veille de reprendre les armes pour reconquérir sa liberté. Au milieu de tant et de si graves embarras, Alexandre déploya une activité, un courage, une habileté que ni ses amis ni ses ennemis ne pouvaient supposer dans un prince de vingt ans.

Il marcha d'abord contre les Triballiens et les Gètes, qui se vantaient de ne craindre que la chute du ciel. Alexandre les défit complétement, ainsi que les Thraces, les Istriens et les Illyriens. Ayant alors appris que, s'il ne se hâtait de se montrer en Grèce, Démosthènes, aidé de l'argent du roi des Perses, finirait par la soulever tout entière contre lui, il fit une telle diligence qu'en treize jours il amena son armée du fond de l'Illyrie, et vint

camper à une petite distance de la ville de Thèbes.
Les Thébains, qui ne pouvaient croire qu'A-
lexandre eût accompli un pareil trajet en si peu
de temps, crurent d'abord que l'Alexandre dont
on leur annonçait l'arrivée n'était pas le fils de
Philippe, mais un de ses compétiteurs au trône
de Macédoine. Ils furent cruellement détrompés.
Alexandre, leur ayant inutilement offert la paix à
condition qu'ils demanderaient pardon et se sou-
mettraient, attaqua leur cité, l'emporta de vive
force et la fit raser. Tous ses habitants furent tués
ou vendus comme esclaves. Alexandre n'épargna
que les temples, les statues des dieux, et ne fit
grâce qu'aux prêtres et aux descendants du fameux poëte Pindare.

Le sac de Thèbes épouvanta tellement les autres villes de la Grèce, qu'elles envoyèrent des
ambassadeurs pour complimenter le vainqueur.
Alexandre n'eut qu'à témoigner le désir d'être
nommé généralissime à la place de son père pour
être élu à l'unanimité. Les partisans de la liberté
lui donnèrent eux-mêmes leurs voix : car éloigner l'oppresseur c'était alléger son joug, et en
lui fournissant les moyens de tenter une expédition entourée de périls, on l'exposait à être vaincu
ou tué.

Les Lacédémoniens seuls n'avaient pas envoyé
de députés à Corinthe lors de l'élection d'A-
lexandre ; celui-ci, quoique profondément blessé

de ce que Sparte ne s'humiliait pas devant lui, se décida à ne point tourner ses armes contre elle, soit qu'il se crût trop fort pour avoir rien à redouter de cette fière république, soit qu'il ne voulût pas perdre un temps précieux à la punir de son dédain.

Quand Alexandre eut réglé selon ses vues les affaires de la Grèce et terminé ses préparatifs contre les Perses, il confia le gouvernement de ses États à Antipater, l'un de ses meilleurs lieutenants, et traversa heureusement l'Hellespont sur deux cents galères; il débarqua une partie de son armée à Abydos, et prit terre avec le reste au port de Sigée.

On ne peut s'empêcher de remarquer l'énorme disproportion de ses forces avec la grandeur de l'entreprise dans laquelle il osait s'engager : Alexandre n'avait que trente-cinq mille hommes, dont seulement treize mille Macédoniens; le reste se composait de mercenaires et d'alliés. Sa cavalerie ne dépassait pas deux mille chevaux. C'est avec cette poignée d'hommes qu'il ne craignait pas d'aller attaquer chez lui un prince auquel obéissaient cent vingt-cinq provinces, et qui pouvait mettre sur pied plus de cinq cent mille hommes.

Les principaux généraux d'Alexandre étaient Perdiccas, Éphestion, Philotas, Erygius et Cassander.

En arrivant en Asie, Alexandre songea à châtier les habitants de Lampsaque, dont il avait à se plaindre. Il s'avança donc vers cette ville, incapable de lui résister, avec la résolution hautement annoncée de la traiter comme Thèbes. Heureusement pour Lampsaque elle renfermait dans ses murs Anaximène, l'un des professeurs d'Alexandre. Anaximène vint au-devant du prince irrité pour le supplier d'épargner sa patrie. Mais avant qu'Anaximène, introduit auprès d'Alexandre, eût ouvert la bouche, le roi, qui ne pouvait douter du but de sa démarche, s'écria : « Je jure par les dieux que je vous refuserai la demande que vous allez me faire. — Prince, répondit Anaximène sans se déconcerter, je vous supplie de détruire Lampsaque. » Alexandre admira l'adresse du philosophe, et par respect pour son serment il épargna la ville.

Cependant les Perses, au nombre de cent dix mille hommes, venaient à la rencontre des Macédoniens. Ils étaient commandés par Arsite, satrape de la Phrygie, et par Memnon, Rhodien de naissance, et sans contredit le meilleur général de Darius.

Memnon avait inutilement ouvert l'avis de saccager la contrée, d'affamer ainsi l'ennemi, qui n'avait apporté que pour trente jours de vivres, et de le forcer ainsi à repasser en Europe sans combat ; mais Arsite aima mieux risquer le sort d'une bataille que de ruiner sa satrapie.

Les deux armées se rencontrèrent sur les bords du Granique, dont les Perses tentèrent en vain de défendre le passage. Le combat fut long et opiniâtre, et au commencement de l'action la victoire parut sourire aux Perses. Alexandre, qui payait bravement de sa personne, courut les plus grands dangers. Deux officiers remarquables par leur bravoure et leur vigueur l'attaquèrent à la fois, et l'un d'eux fendit d'un coup de cimeterre le casque du roi de Macédoine. Il allait redoubler et frapper la tête nue d'Alexandre, lorsque Clitus abattit d'un coup de hache le bras déjà levé du barbare.

Enfin les Macédoniens enfoncèrent l'ennemi. Sa cavalerie s'enfuit la première, et se retournant sur l'infanterie l'entraîna dans sa fuite. Cette journée valut à Alexandre la possession de toute l'Asie Mineure : deux villes, Milet et Halicarnasse, essayèrent seules de résister ; mais elles ne tardèrent pas à capituler.

Memnon conseilla alors à Darius de porter la guerre en Macédoine, et par cette diversion de forcer Alexandre à venir au secours de ses États menacés. Memnon faisait valoir à l'appui de son conseil l'état des esprits en Grèce et la certitude d'être appuyé par les Lacédémoniens, qui n'attendaient que l'occasion de se déclarer contre le fils de Philippe.

Darius se laissa convaincre, et chargea Memnon de mettre à exécution ce hardi projet. Memnon équipa une flotte, partit de Cos, soumit en passant Lesbos et Chios, et trouva la mort (1) au siége de Mitylène. La perte de ce général, qui ne fut pas remplacé, fit échouer une expédition dont les suites eussent probablement renversé les grands desseins d'Alexandre.

Darius, malgré la défaite de ses lieutenants sur les bords du Granique, était loin de se croire en danger; on en trouve la preuve dans les lettres qu'il écrivait à ses satrapes : il leur ordonnait de s'emparer d'Alexandre, de le châtier comme on châtie les enfants, puis de l'habiller de pourpre et de le lui envoyer pieds et poings liés.

Pendant que le roi de Perse se livrait à ces ridicules bravades, Alexandre profitait de sa victoire pour asseoir sa domination dans toute l'Asie Mineure. Étant arrivé à Tarse, il trouva les eaux du Cydnus si belles et si limpides, qu'il lui prit envie de s'y baigner, tout échauffé et tout couvert de sueur qu'il était à la suite d'une longue marche au cœur de l'été. Il se déshabilla donc en présence de son armée et se jeta dans le fleuve, pour montrer à ses soldats qu'il se contentait de la première eau qu'il rencontrait quand il voulait prendre un bain, et n'imitait pas en cela les habitudes effé-

(1) Il mourut de la peste, selon les uns, des suites d'une blessure, selon d'autres.

minées de Darius, à qui il fallait des bains tièdes et parfumés. Mais à peine Alexandre fut-il au milieu du fleuve, qu'un froid mortel le saisit et qu'il perdit connaissance.

Ses soldats l'emportèrent à demi mort dans sa tente. La consternation était générale dans le camp, lorsque le médecin du roi, nommé Philippe, promit de le guérir promptement s'il voulait s'abandonner à lui. Alexandre y consentit ; mais pendant que Philippe préparait lui-même le breuvage salutaire, le roi reçut de Parménion, le plus dévoué de ses généraux, une lettre par laquelle il l'avertissait de se défier de son médecin, que Darius avait corrompu à prix d'argent. Alexandre se trouva d'abord dans une grande perplexité. Cependant la connaissance qu'il avait du caractère de Philippe l'emporta sur la défiance que lui inspirait l'avis de Parménion ; en sorte que Philippe étant entré dans sa tente en tenant son breuvage, Alexandre lui remit la lettre d'une main, prit la coupe de l'autre et la vida d'un seul trait. Au bout de trois jours il put se montrer à ses soldats, que sa maladie avait consternés et que sa guérison transporta de joie.

A peine rétabli, Alexandre apprit que Darius s'avançait en personne contre lui à la tête d'une armée considérable. Elle s'élevait à deux cent cinquante mille fantassins et à soixante mille cavaliers de troupes régulières, sans compter une multitude mal équipée et composée de peuples dont le roi savait à peine le nom. Ils venaient pour la plupart des bords de la mer Rouge.

Darius, au lieu d'attendre son ennemi dans les plaines de l'Assyrie, où il aurait pu l'envelopper et l'écraser par le nombre, s'engagea dans les gorges et les défilés de la Cilicie. L'Athénien Charidème, réfugié à sa cour depuis qu'Alexandre l'avait fait bannir de sa patrie, tenta vainement de dissuader Darius d'aller au-devant d'Alexandre dans un pays où ses troupes ne pourraient se déployer librement ; le roi méprisa ses conseils, et comme cet homme insistait avec plus de fermeté que de prudence, il lui fit couper la gorge dans un mouvement de colère.

Bientôt les armées en vinrent aux mains près de la petite ville d'Issus. Les Grecs que Darius avait pris à sa solde combattirent vaillamment et arrêtèrent pendant assez longtemps l'élan des Macédoniens ; mais les Perses se laissèrent promptement entamer, et une fois que le désordre se fut mis dans leurs rangs, les Macédoniens en firent un carnage affreux. Plus de cent mille Perses restèrent sur le champ de bataille, et s'il n'en périt pas un plus grand nombre, c'est que les Macédoniens se lassèrent de frapper.

La mère et la femme de Darius, ainsi que toutes les femmes de leur suite, tombèrent au pouvoir d'Alexandre ; et le roi des Perses lui-même , légèrement blessé , ne dut son salut qu'au dévouement d'un de ses parents.

Cette affaire, qui fut plutôt une grande boucherie qu'une bataille, puisque les Macédoniens ne perdirent pas cinq cents hommes, livra au vainqueur tout le pays qui s'étendait jusqu'à l'Euphrate. Le gouverneur de Damas rendit à Alexandre la ville et tous les trésors que Darius y avait accumulés ; Sidon ouvrit également ses portes.

Alexandre en usa très-noblement avec les princesses prisonnières. Il alla leur rendre visite avec Éphestion , son ami intime : elles prirent cet ami pour le roi et se jetèrent à ses pieds ; un esclave les ayant averties de leur méprise, elles voulurent s'en excuser : « Non, non, leur répondit le roi, vous ne vous êtes point trompées ; celui-ci est aussi Alexandre. »

Du reste, il les combla d'égards et de prévenances , veilla à ce que personne les offensât même en paroles ; et la mère, la femme et les filles de Darius furent aussi respectées dans le camp d'Alexandre qu'elles l'avaient été dans celui du roi des Perses.

De toutes les villes de la contrée , la superbe Tyr fut la seule qui ferma ses portes à Alexandre. Celui-ci , malgré l'avis de ses généraux , résolut de l'assiéger. Ils lui représentèrent en vain que même dans le cas où il s'emparerait de cette cité, reconnue imprenable, sa conquête ne compenserait pas le danger de laisser à Darius le loisir de rassembler une nouvelle armée. Le roi ne voulut rien entendre à ce sujet, et mit tout en œuvre pour emporter la place.

Il entreprit de joindre au continent l'île sur laquelle Tyr était bâtie, par une digue de mille pas de long. Trois fois la mer soulevée par les vents acheva l'ouvrage des plongeurs tyriens et emporta la digue. Tout autre qu'Alexandre se serait découragé ; mais il ordonna de construire une quatrième digue plus solide que les précédentes : par ce moyen il put conduire ses soldats jusqu'au pied des murs de la place, et il l'emporta d'assaut après sept mois de siége.

Au lieu d'admirer la belle défense des vaincus, Alexandre, cédant aux instincts cruels qui commençaient à se développer en lui, ordonna qu'on fît main basse sur tous les habitants et qu'on n'épargnât que ceux qui s'étaient réfugiés dans les temples. Mais aucun homme capable de porter les armes ne voulut profiter de ce droit d'asile ; tous restèrent à l'entrée de leurs maisons et périrent les armes à la main.

Quand le premier emportement des Macédoniens se fut un peu calmé, la soif du pillage se réveilla en eux, et ils cessèrent de tuer pour s'emparer des incalculables richesses que renfermait la ville de Tyr. Mais le lendemain Alexandre, dont la fureur n'était pas assouvie, ordonna qu'on dressât deux mille croix le long du rivage de la mer, et qu'on y attachât deux mille hommes qui avaient survécu au massacre. Rien dans la vie d'Alexandre ne peut racheter de pareilles atrocités; elles suffisent pour vouer son nom à l'exécration de la postérité.

Pendant le siége de Tyr, Alexandre avait sommé les rois et les peuples voisins de lui fournir des bras et des matériaux pour l'aider à construire la fameuse digue. Tous s'étaient empressés d'obéir, à l'exception des Juifs. Ce refus avait blessé le roi, qui ne souffrait aucune résistance à ses ordres : aussi marcha-t-il contre Jérusalem pour traiter cette ville comme il avait traité Tyr. Déjà il approchait de Jérusalem, quand les Juifs, épouvantés du sort qui les attendait, essayèrent de fléchir le vainqueur irrité.

Ils sortirent de leur ville et vinrent au-devant d'Alexandre. Les lévites marchaient les premiers, revêtus de robes de lin. Le peuple les suivait, couvert aussi de robes blanches; et Jaddus, qui était alors grand pontife, menait cette multitude suppliante, revêtu des habits et des ornements de sa dignité. Le roi, surpris de la majesté de cette pompe, descendit de cheval, et s'approchant à pied du grand prêtre, il le salua avec beaucoup de déférence et de respect, et adora le nom de

Dieu qui était gravé sur une lame d'or de la mitre du pontife.

Après être entré dans la ville, le roi offrit un sacrifice dans le temple de Jérusalem, lut les passages des livres sacrés qui contenaient des prophéties ; et comme il demeura persuadé que ces prophéties parlaient de lui et lui promettaient l'empire des Perses, il accorda aux Juifs la liberté de vivre suivant leurs lois et leurs coutumes (1).

Déjà, pendant le siége de Tyr, Alexandre avait reçu une lettre de Darius dans laquelle ce prince lui offrait pour la rançon des deux reines et de leur suite la somme d'argent qu'il fixerait lui-même. Dans cette lettre, Darius ne donnait pas à son vainqueur le titre de roi, et lui conseillait en ami de se contenter des États de son père Philippe.

Le ton de ce message blessa profondément Alexandre ; il répondit avec hauteur à Darius, lui reprochant de paraître ignorer qu'il parlait non-seulement à un roi, mais à son roi, et ajoutant qu'il possédait déjà tout ce que Darius pouvait lui offrir.

Darius tenta une nouvelle démarche, proposa à Alexandre de lui donner sa fille en mariage et de lui abandonner le territoire qui s'étendait entre la mer Égée et l'Euphrate. Alexandre lui répondit

____

(1) Récit de l'historien Josèphe.

dédaigneusement, et l'infortuné monarque persan comprit que la guerre était sa seule ressource.

Alexandre, ne voulant laisser derrière lui aucun pays qui n'eût accepté sa domination, tourna ses armes contre l'Égypte, et mit le siége devant Gaza. Cette place était défendue par un vaillant capitaine nommé Bétis, qui déploya autant d'habileté que de valeur, et la ville ne fut emportée qu'après un assaut meurtrier. Bétis tomba couvert de sang et de blessures, mais vivant, entre les mains d'Alexandre. Ce prince, déjà irrité par deux blessures qu'il avait reçues pendant le siége, entra dans une violente fureur à la vue de la contenance digne et fière de son prisonnier ; se ressouvenant tout à coup de la vengeance qu'Achille, qu'il prenait pour modèle, avait exercée sur le cadavre d'Hector, il fit passer des courroies dans les talons de Bétis, qu'on traîna ainsi derrière un chariot autour des murs de Gaza.

La prise de cette place donna à Alexandre toute l'Égypte, qui ne supportait qu'impatiemment la domination des Perses. Le gouverneur de Memphis, craignant le sort de Bétis, se hâta de livrer la ville que lui avait confiée Darius ; en sorte qu'Alexandre y entra plutôt en maître qu'en conquérant.

Ce fut à Memphis qu'Alexandre conçut la ridicule idée de se faire passer pour le fils de Jupiter.

Afin de donner quelque crédit à cette imposture, il résolut d'aller visiter le temple de Jupiter-Ammon, situé au fond de la Libye. La distance à parcourir était de vingt-cinq journées de marche à travers des sables brûlants qui avaient autrefois englouti cinquante mille hommes de l'armée de Cambyse. Malgré la témérité d'une pareille entreprise, et dans le seul but de satisfaire un orgueilleux caprice, Alexandre partit avec ses troupes et s'engagea dans le désert. Sans un orage qui éclata fort à propos et désaltéra les Macédoniens près d'expirer de soif, c'en était fait d'eux et de leur roi.

Après d'excessives fatigues, il atteignit le temple, gagna les prêtres à prix d'or, et n'eut aucune peine à obtenir d'eux qu'ils le proclamassent fils de Jupiter, et lui promissent l'empire du monde pendant sa vie et l'Olympe après sa mort. Depuis ce jour, Alexandre ne signa plus que comme fils de Jupiter-Ammon.

A côté de ce trait de folie, le roi fit preuve d'un grand discernement en comprenant, à la seule inspection d'une plage située au bord de la mer et vis-à-vis de la petite île de Pharos, combien ce lieu serait favorable à l'établissement d'une grande cité. Il en fit jeter les fondements et lui donna son nom (Alexandric). Son port sur la Méditerranée, le voisinage du Nil et de la mer Rouge en firent le centre du commerce entre le monde oriental et le monde occidental avant la découverte du passage par le cap de Bonne-Espérance. Grâce à son admirable situation, Alexandrie devint en peu de temps la rivale de Carthage et partagea avec elle l'empire de la mer.

Alexandre se remit en marche vers l'Orient, et peu de temps après son départ de Memphis on vint lui apprendre que Statira, femme de Darius, sa prisonnière, venait de mourir de fatigue et de tristesse. Le roi de Macédoine, touché du sort de cette infortunée princesse, ordonna qu'on lui fît de magnifiques funérailles, selon la coutume des Perses. Darius, qui aimait tendrement son épouse, fut tellement sensible au noble procédé de son ennemi, qu'il s'écria : « Dieux puissants qui protégez la Perse, accordez-moi la faveur de laisser mon empire aussi florissant que me l'ont laissé mes ancêtres ; mais si le temps marqué pour sa chute approche, faites que ce soit Alexandre qui monte sur le trône de Cyrus ! »

Alexandre, ayant traversé sans obstacle le Tigre et l'Euphrate, rencontra l'armée de Darius dans une vaste plaine voisine de la ville d'Arbelle. Les Perses l'avaient choisie pour pouvoir s'y déployer à leur aise : la précaution était bonne ; mais ils eussent encore mieux fait de garder les rives du Tigre et de l'Euphrate, qu'Alexandre n'eût certainement franchi qu'avec les plus grands périls et les plus grandes difficultés, si Darius lui en eût disputé le passage. La largeur, la profondeur et la rapidité de ces deux fleuves formaient une double ligne de défense naturelle qui valait bien la peine de n'être pas négligée.

Alexandre, avec cette assurance que donne la certitude de la victoire, n'hésita pas un seul instant à attaquer en rase campagne les six cent mille hommes de Darius. Les Perses se battirent mieux qu'ils ne l'avaient fait dans les actions précédentes ; et cependant ils furent taillés en pièces par cinquante mille Macédoniens. Cette victoire décida du sort de Darius. Pendant qu'il fuyait vers l'Arménie, Arbelle, Babylone, Ecbatane, Suse, Persépolis ouvraient leurs portes au vainqueur. Alexandre y trouva d'immenses richesses, dont il combla ses généraux et ses soldats.

Quelque temps après, Darius périt, lâchement assassiné par deux de ses généraux ; avec lui finit l'empire des Perses, après avoir duré 209 ans, sous treize souverains.

Ce fut à partir de la conquête de la Perse qu'Alexandre, enivré de ses succès, s'abandonna à toute la violence de ses passions. Non content de passer les jours et les nuits dans les festins et les débauches, il adopta le faste et la mollesse asiatiques. Déjà ses soldats, indignés, commençaient à murmurer, et à dire tout haut que le vainqueur de Darius était digne d'être son satrape, lorsque Alexandre comprit qu'il ne pouvait se faire pardonner ses excès que par de nouvelles victoires.

Il se remit donc à la poursuite des meurtriers de Darius, dont le plus à craindre, Bessus, s'était retiré dans le pays des Drances. A peine Alexandre y fut-il entré, que Bessus s'enfuit plus loin. Le séjour d'Alexandre chez les Drances fut marqué par un forfait odieux. Ce prince, oubliant les services que lui avait rendus Parménion, fit assassiner ce général, âgé de soixante-dix ans, et son fils Philotas. Ce meurtre, que rien ne justifiait, ne peut s'expliquer que par la jalousie que portaient au vieux général les favoris d'Alexandre.

Le roi, toujours à la poursuite de Bessus, parvint jusque dans la Bactriane, et se trouva arrêté sur les bords de l'Oxus; car Bessus, pour échapper à son ennemi, avait fait brûler tous les bateaux. Il se croyait en sûreté de l'autre côté du fleuve, quand il apprit qu'Alexandre l'avait traversé avec ses troupes sur des outres. Il voulut continuer sa fuite; mais trois de ses principaux officiers, comprenant qu'il était impossible d'échapper aux Macédoniens, qu'aucun obstacle ne pouvait arrêter, songèrent à s'attirer les bonnes grâces d'Alexandre en lui livrant son ennemi; ils chargèrent donc Bessus de chaînes, et le conduisirent au roi, qui le fit écarteler.

Après avoir soumis la Bactriane, Alexandre marcha contre les Scythes, les vainquit, et emporta une forteresse bâtie au sommet d'un rocher qu'on ne pouvait gravir qu'en suivant un sentier étroit et taillé dans le roc vif.

Ce fut en Scythie qu'Alexandre tua de sa propre main un de ses meilleurs officiers, Clytus, qui lui avait sauvé la vie à la bataille du Granique. L'état d'ivresse dans lequel se trouvait le roi ne saurait excuser ce meurtre. Revenu de son emportement, Alexandre pleura amèrement son ami, et dit hautement qu'il était indigne de vivre après avoir commis un semblable forfait.

Mais ces stériles regrets furent de courte durée, et, après s'être jugé indigne de vivre, Alexandre voulut être adoré comme un dieu. Il y avait longtemps qu'il prenait le titre de fils de Jupiter et que les Perses lui rendaient une espèce de culte; mais jamais les Macédoniens n'avaient consenti à descendre à cet excès de basse flatterie. Alexandre voulut les y amener. Parmi ceux qui résistèrent le plus ouvertement se trouva le philosophe Callisthène. Le roi, pour le punir, l'accusa d'avoir conspiré contre sa personne sacrée, et le fit périr dans les tourments.

La Perse lui obéissait tout entière : il avait subjugué les Scythes, les Massagètes, les Saques, peuples inconnus de la Grèce ; non content de ces conquêtes, il résolut, à l'exemple de Bacchus, de porter ses armes triomphantes jusqu'au bout de l'Asie.

A peine Alexandre eut-il pénétré dans l'Inde, qu'une foule de petits rois vinrent lui rendre hommage. Il les reçut et les traita généreusement. Quant à ceux qui tentèrent de lui résister, ils virent leurs troupes exterminées et leurs villes saccagées. Ce fut à l'attaque de l'une d'elles qu'Alexandre reçut une flèche dans la jambe.

Le seul ennemi digne de lui que le conquérant macédonien rencontra dans l'Inde s'appelait Porus. Ce monarque essaya de disputer à Alexandre le passage de l'Hydaspe. Mais, malgré les éléphants dressés à la guerre, que les Macédoniens voyaient pour la première fois, ils attaquèrent vigoureusement l'armée de Porus, rangée de l'autre côté du fleuve, et quoique le monarque indien fît des prodiges de valeur et combattît un des derniers, il fut vaincu et mis en déroute. Alexandre, qui avait si souvent considéré le courage et la belle défense de ses ennemis comme un crime impardonnable, admira la conduite de Porus, et lui dépêcha un de ses principaux officiers pour l'engager à se rendre sans crainte et à venir le trouver.

Porus y consentit, et se présenta devant son vainqueur. « Comment voulez-vous que je vous traite? lui dit Alexandre. — En roi, » répondit Porus. Cette réponse plut à Alexandre, qui laissa au prince indien tous ses États et y ajouta même quelques provinces.

Alexandre eût bien voulu traverser le Gange et pousser plus loin vers l'orient; mais ses soldats, mutilés et harassés, refusèrent d'aller plus avant.

Le roi céda à leurs vœux; mais avant de revenir sur ses pas il fit tracer un camp triple du sien, l'environna de fossés profonds de quinze mètres et larges de quatre, et ordonna aux fantassins de laisser dans leurs tentes des lits d'une très-grande dimension. Les cavaliers durent également se fabriquer des auges doubles de la grandeur ordinaire. Avec de pareilles traces de son passage, Alexandre espérait faire croire aux races futures qu'il commandait à un peuple de géants.

En regagnant la Perse il soumit encore plusieurs villes, faillit périr au siége de la capitale des Oxydraques, dont tous les habitants furent passés au fil de l'épée, s'embarqua avec ses troupes sur le fleuve Acésius, et après une navigation de neuf mois arriva à Patane, où le Gange se partage en deux bras. La flotte s'engagea dans le bras droit et parvint jusqu'à l'Océan, dont les marées furent pour les Macédoniens un objet d'admiration et d'effroi. Ils n'avaient jamais vu rien de pareil à cette énorme masse d'eau s'avançant dans les terres, changeant le cours des fleuves et des rivières pour se retirer périodiquement comme elle était venue. Alexandre ordonna à son amiral Néarque de suivre les côtes de l'Asie depuis l'embouchure de l'Indus jusqu'à celle de l'Euphrate, et continua lui-même par terre. De cruelles fatigues, une disette effroyable et une maladie pestilentielle qui emporta un tiers de l'armée, exposa les Macédoniens aux plus rudes épreuves dans le pays des Orites, qu'ils mirent soixante jours à traverser. Ils parvinrent enfin dans la Gédrosie, où ils trouvèrent des vivres en abondance.

Arrivé en Caramanie, Alexandre voulut imiter la marche triomphale de Bacchus telle que les poëtes la racontaient. Il fit construire une espèce de théâtre monté sur des roues et traîné par huit chevaux. Là il passa sept jours entiers en festins et en débauches de toute espèce. Ses officiers l'avaient imité et le suivaient sur des chars moins magnifiques que le sien, mais consacrés aux mêmes usages. Pendant ces sept journées, l'armée, depuis le roi jusqu'au dernier soldat, ne cessa point de s'enivrer. Mille hommes résolus eussent suffi alors pour anéantir cette multitude plongée dans les plus ignobles excès.

De retour à Babylone, Alexandre épousa Roxane, la fille de Darius, et donna des fêtes dont l'une d'elles coûta la vie à quarante convives, qui périrent victimes de leur intempérance. Au milieu de ses horribles débauches, Alexandre enfantait incessamment les plus gigantesques projets : la conquête du monde entier pouvait seule satisfaire son insatiable ambition. La mort vint mettre un terme à ses rêves insensés ; ayant voulu vider une coupe d'une grandeur démesurée, il fut pris d'un accès de fièvre maligne qui l'emporta en trois jours, dans la trente-troisième année de son âge et la treizième de son règne.

Il est impossible de ne pas reconnaître qu'Alexandre fut un des plus grands guerriers, un des plus habiles capitaines dont l'histoire fasse mention. Mais si l'on n'a pas oublié les atrocités qui suivirent la prise de Tyr, le supplice de Philotas, de Parménion, de Callisthène et de Bétis, l'assassinat de Clytus, les millions d'hommes détruits, les milliers de villes dévastées pour la satisfaction personnelle d'un seul homme, on ne sera guère tenté de ratifier le surnom de Grand que ses contemporains lui ont donné. Ses vices égalèrent son génie, et son génie le poussa à devenir un des fléaux du genre humain.

CÉSAR

Jules César descendait de l'illustre famille Julia. Dès son enfance il montra ce qu'il serait un jour, et, selon l'heureuse expression d'un biographe, « à « l'âge où les autres hommes, jouant sous les yeux « de leurs mères, n'existent pas encore pour la « société, le front pensif du jeune César et l'in- « telligente fixité de son perçant regard trahirent « aux yeux de Sylla triomphant le secret de ses « espérances, son génie, son inébranlable volonté « et cette vaste ambition qui devait égaler sa for- « tune. » Aussi Sylla voulait-il faire inscrire le nom de cet enfant sur les tables de proscription. Il céda aux instances de ses amis, qui l'en détournèrent, alléguant son extrême jeunesse; mais tout en cédant, Sylla ne put s'empêcher de leur dire : « Imprudents ! où vous ne voyez qu'un enfant, je vois plusieurs Marius ! »

Ces mots, rapportés à César, l'engagèrent à quitter secrètement Rome; car Sylla, qui avait plutôt reculé l'instant de mettre César au nombre de ses victimes, que renoncé à le faire périr, pouvait d'un moment à l'autre revenir à sa première idée. Il paraît même que César fut cherché par les satellites de Sylla, puisqu'il erra long-temps dans le pays des Sabins, et se vit obligé de changer fréquemment de lieu de refuge. Plutarque raconte que, se faisant transporter pendant la nuit d'une maison dans une autre malgré un violent accès de fièvre qui le rendait incapable de marcher, il tomba entre les mains d'un détachement de soldats. Leur capitaine l'arrêta; mais, bientôt gagné par l'offre de deux talents (environ 10,000 fr.), il fournit lui-même à son prisonnier les moyens de s'évader et de gagner un port de mer, où César s'embarqua pour la Bithynie. Il y arriva heureusement, et se rendit à la cour du roi Nicomède.

Revenu à Rome, après la mort de Sylla, César mit son éloquence au service du peuple, et plaida avec éclat dans plusieurs causes importantes; mais, soit qu'il voulût simplement se perfectionner dans l'art oratoire et se familiariser avec toutes ses ressources, soit que des motifs secrets l'engageassent à s'éloigner momentanément de Rome, il partit pour Rhodes, où le fameux professeur grec Apollonius Mollon donnait des leçons d'éloquence, avec l'intention hautement avouée de suivre ses cours.

Ce fut en se rendant à Rhodes que le navire qui le portait tomba entre les mains des pirates. Ceux-ci demandèrent à César vingt talents pour sa rançon. « Je vous en donnerai cinquante, repartit César en riant; mais je vous avertis que tôt ou tard je vous ferai tous pendre. » Il leur tint parole, car les habitants de Milet lui ayant fourni la somme promise, il se racheta, arma quelques vaisseaux, donna à son tour la chasse aux pirates, les atteignit, reprit tout leur butin, et les punit du supplice dont il les avait menacés.

Pendant qu'il suivait à Rhodes les leçons d'Apollonius, il apprend tout à coup que les généraux de Mithridate s'étaient emparés de plusieurs villes alliées ou soumises. Aussitôt il lève des troupes de sa propre autorité, se met à leur tête et force les généraux de l'implacable ennemi des Romains à se retirer précipitamment et à abandonner leur proie.

Ce succès éclatant d'un homme qui s'était déféré à lui-même le droit de lever une armée et de la commander, ce mépris de la hiérarchie et des lois, effrayèrent Caton, Cicéron et tous les défenseurs de la vieille république romaine ; ils comprirent le sort que lui réservait l'ambition naissante de César, et dénoncèrent au sénat ses vues tyranniques. Une seule chose cependant les rassurait, c'étaient ses habitudes privées. Ils ne pouvaient comprendre que César, tout entier à ses plaisirs, vêtu avec recherche, s'inondant de parfums, bouclant ses cheveux avec le soin d'une femme coquette, ne finît pas par préférer les douceurs d'une vie élégante et voluptueuse à la tâche immense d'asservir sa patrie. La suite leur prouva que César, en grattant du bout de son doigt ses cheveux parfumés de peur de déranger sa coiffure, ne songeait qu'à endormir leur vigilance jusqu'au jour où il se sentirait assez fort pour les braver.

La première marque qu'il reçut de la faveur populaire, ce fut une charge de tribun des soldats ; bientôt il osa ambitionner celle de préteur, l'emporta sur un puissant rival, et à peine revêtu de cette dignité obtint le gouvernement de l'Espagne ultérieure.

César avait dépensé des sommes énormes, tant pour réparer à ses frais la voie Appienne que pour donner au peuple des spectacles d'une magnificence qui surpassait tout ce qui s'était fait avant lui. Non-seulement sa fortune entière y avait passé, mais il avait été obligé de contracter des emprunts qui s'élevaient à un chiffre considérable. Ses créanciers, en le voyant sur le point de partir, voulurent être payés. Pour éviter des criailleries qui pouvaient nuire à sa popularité, César s'adressa à Crassus. Celui-ci, heureux de rendre service à un homme qui semblait appelé aux plus hauts emplois de la république, désintéressa les créanciers les plus âpres, et fit patienter les autres en offrant sa caution pour une somme représentant à peu près cinq millions de francs ; on peut juger par ce chiffre de la prodigalité avec laquelle César avait multiplié ses largesses.

En traversant les Alpes pour se rendre à son poste, il vit un pauvre village dont les habitants s'agitaient à propos d'un emploi public. « Est-il possible, s'écrièrent ses amis, que dans une pareille bicoque il y ait des brigues pour s'élever aux charges publiques et aux honneurs ! — Pourquoi non ? répondit César : pour moi, je sais bien que j'aimerais mieux être le premier ici que le second à Rome. » Cette phrase peint admirablement l'idée fixe du futur conquérant des Gaules.

Une autre fois, en Espagne, il se prit à lire dans un moment de loisir quelques passages de la vie d'Alexandre ; le livre ne tarda pas à lui tomber des mains, son front se pencha et ses yeux se mouillèrent de larmes. Interrogé sur la cause de sa subite tristesse, il répondit : « N'est-ce pas désolant que je n'aie encore rien fait de remarquable à l'âge où Alexandre avait déjà rempli l'univers du bruit de ses conquêtes! »

Pendant l'année qu'il resta en Espagne, César déploya autant d'habileté comme général que comme administrateur. Non-seulement il soumit les nations qui n'avaient jamais obéi aux Romains; mais il pacifia les villes soumises et leur imposa des règlements qui, chose rare, satisfirent tous les partis.

Quand César rentra dans Rome, Pompée venait de recevoir pour la troisième fois les honneurs du triomphe; quoiqu'il eût congédié son armée à Brindes, sa gloire, ses richesses, son ambition le rendaient suspect aux vieux républicains et au sénat, qui ne voulut jamais ratifier ce qu'il avait fait en Asie. Ce refus, qu'il considérait comme une injustice, l'irrita. César sut habilement profiter de cette situation d'esprit pour l'amener à se liguer avec lui contre leurs ennemis communs. Pompée y consentit, et César ayant également réussi à le réconcilier avec Crassus, tous les trois formèrent un triumvirat redoutable.

On ne saurait trop admirer la profonde politique de César réconciliant Pompée et Crassus. Par cet acte très-désintéressé en apparence, il s'attira les partisans des deux plus puissants personnages de Rome, et se servit de leur influence pour se faire nommer consul, dignité qu'il n'aurait jamais obtenue malgré eux.

César ne fut pas plutôt installé dans sa charge, qu'il provoqua des lois qui sapaient de fond en comble l'aristocratie romaine : lois plus dignes, remarque Plutarque, d'un tribun audacieux et turbulent que d'un consul. Il proposa, en effet, un nouveau partage des terres, des distributions de blé, etc. Les principaux membres du sénat s'opposèrent énergiquement à ces mesures. César, qui ne cherchait plus qu'un prétexte pour rompre avec le sénat, dit hautement que ce n'était pas sa faute si on le forçait de recourir au peuple et de s'appuyer sur lui. L'exécution suivit de près cette menace : il convoque une assemblée populaire, et là demande à Pompée et à Crassus, entre lesquels il s'était placé, s'ils approuvent ses lois ; sur leur réponse affirmative, il les somme de l'aider à les faire exécuter. Tous deux s'y engagèrent, et Pompée ajouta qu'il pouvait compter sur son épée et sur son bouclier. Ces paroles, qui blessèrent cruellement le sénat, furent couvertes d'applaudissements par le peuple.

Pompée, ainsi qu'il l'avait promis, remplit le Forum d'hommes armés, et fit confirmer toutes les lois de César, auquel on décerna en outre le gouvernement de la Gaule pour cinq ans. Caton seul ne fléchit pas, et tenta une dernière fois de s'opposer à ces décrets. César le fit arrêter ; mais, reconnaissant bientôt que cette violence exercée contre un homme tel que Caton indignait une partie des plébéiens eux-mêmes, il chargea secrètement un des tribuns de tirer Caton des mains des licteurs auxquels il avait ordonné de se saisir de sa personne.

Pour reconnaître les services que Pompée venait de lui rendre, César obtint la ratification de ce que son allié avait fait en Asie; et ce qui prouve combien César savait au besoin étouffer ses ressentiments lorsque ses intérêts l'exigeaient, c'est que pour perdre plus sûrement Cicéron, pendant son absence il éleva au tribunat Clodius, qui ne devait sa réputation qu'à deux crimes : la révolte de l'armée de Lucullus, et la profanation des mystères de la Bonne-Déesse dans la maison même de César.

Or Clodius était l'ennemi personnel de Cicéron, parce que celui-ci avait mis toute son éloquence au service de l'accusation portée contre lui; il devenait donc évident que Clodius profiterait de l'autorité de sa charge pour se venger du célèbre orateur.

Clodius, en effet, commença par s'attacher les plébéiens en rendant une loi portant que le blé, qu'on vendait à vil prix au peuple, lui serait à l'avenir donné gratuitement. Quand il se fut ainsi attaché le menu peuple, il fit décréter que quiconque aurait fait périr un citoyen sans forme de procès serait banni. Cicéron comprit que cette seconde loi n'était qu'une arme dirigée contre lui ; il prit le deuil, et le corps des chevaliers, la majeure partie du sénat et vingt mille jeunes patriciens le prirent avec lui. Cette démonstration eût suffi en d'autres temps pour effrayer la tourbe que Clodius avait attroupée; mais César était aux portes de Rome avec son armée ; et tout annonçait qu'il soutiendrait le tribun si l'on en venait aux voies de fait. Les amis de Cicéron lui conseillèrent de céder ; il partit, fut banni, et vit tous ses biens confisqués.

César n'attendait que cette conclusion, prévue et inévitable, pour se rendre dans les Gaules. Il ouvrit la campagne en marchant contre les Helvétiens, qui au nombre de trois cent soixante-huit mille, hommes, femmes et enfants, avaient brûlé leurs villes et leurs villages, et s'avançaient vers le pays des Allobroges pour s'y établir. César arrive à Genève avant que les Helvétiens aient pu recevoir la nouvelle de son départ, fait couper le pont que cette ville possédait sur le Rhône, et ordonne la construction le long du fleuve d'une redoute qui s'étend depuis Genève jusqu'aux montagnes du Jura. Cet ouvrage de vingt-quatre kilomètres de développement est achevé avec une promptitude merveilleuse, et présente aux Helvétiens un obstacle qu'ils ne peuvent forcer.

Alors ils font un long détour, et pénètrent dans la Gaule par la Franche-Comté et le pays d'Autun. César les poursuit avec cinq légions, les atteint sous les murs de Bibracte, les taille en pièces et les force de retourner dans leur pays.

Les Séquanais, battus par les Éduens, avaient imploré le secours d'Arioviste, roi des Suèves. Celui-ci les avait en effet vengés de leurs ennemis, mais au prix de leur liberté. A la nouvelle de la victoire de César sur les Helvétiens, les Séquanais et les Éduens le regardent comme le seul homme capable de les délivrer du joug d'Arioviste, et lui envoient des députés pour le conjurer de les prendre sous sa protection. César, qui ne cherchait que l'occasion de se signaler, écrit sur-le-champ au prince germain pour lui enjoindre impérieusement de se contenter de ses États, de repasser le Rhin et de rendre aux Séquanais leurs otages. Pour toute réponse, Arioviste entre dans les Gaules à la tête de ses forces. Il s'imaginait que César n'oserait l'attendre avec le peu de soldats dont il pouvait disposer : aussi fut-il grandement surpris quand il vit les Romains venir à sa rencontre. Bientôt le combat s'engage ; enfoncés de toutes parts, les Germains fuient en désordre vers le Rhin ; César les poursuit, en fait un affreux carnage, et ils repassent le Rhin, laissant un butin immense et quatre-vingt mille morts sur la place.

Ces deux expéditions, terminées en une seule campagne, valurent à César la possession de toute la Gaule Celtique. L'hiver approchant, il cantonna ses troupes dans la Franche-Comté, en confia le commandement à Labiénus, son lieutenant, et, pour surveiller ses intérêts à Rome, vint établir ses quartiers d'hiver dans la Lombardie (Gaule Cisalpine). Là, dit Plutarque, il tint une espèce de cour, grossit le nombre de ses partisans en accordant à tous ceux qui venaient le voir tout ce qu'ils demandaient, et les renvoyant comblés de présents et de magnifiques promesses.

Au printemps suivant, les Belges, convaincus que, s'ils donnaient à César le temps de s'affermir dans les Gaules, leur tour de passer sous le joug des 'Romains ne tarderait pas à arriver, prirent les armes. César, à la première nouvelle de ce mouvement, quitte les bords du Pô, traverse toutes les Gaules et tombe sur eux avec la rapidité de la foudre. Les Belges opposèrent en diverses rencontres la plus énergique résistance ; mais leurs efforts et leur courage ne servirent qu'à rendre leurs pertes plus considérables, et, s'il faut en croire Plutarque, César en fit un si grand carnage, que leurs cadavres comblèrent des rivières et des étangs, et servirent de ponts aux Romains.

Le désastre des Belges faillit être vengé par les peuples de même origine qui habitaient le Hainaut et le Cambrésis. Ceux-ci, après avoir mis en sûreté les vieillards, les femmes et les enfants, allèrent, au nombre de soixante mille hommes, attaquer César, dont les troupes étaient occupées à dresser leur camp. La cavalerie romaine et deux légions se trouvèrent si subitement enveloppées, que le désordre se mit dans leurs rangs; déjà la plupart des officiers étaient tués ou hors de combat, déjà la victoire semblait sourire aux agresseurs, quand César, arrachant à un soldat son large bouclier, fend la presse et s'élance au premier rang. Les Romains, électrisés par leur général, qui marche en avant pendant qu'ils se troublent et se laissent entamer, se reforment, font des prodiges de valeur, et donnent le temps à la dixième légion, campée sur un coteau voisin, de venir à leur secours.

Sur soixante mille hommes qui les avaient attaqués, cinq cents seulement prirent la fuite, le reste préféra se faire hacher sur place. Sans la détermination de César, sans le renfort apporté par la dixième légion, l'armée de César eût été anéantie : telle est du moins l'opinion de Plutarque.

Le sénat, en apprenant cette victoire, ordonna qu'on ferait pendant quinze jours des prières publiques pour remercier les dieux. Cela ne s'était pas encore fait; mais le soulèvement simultané de tant de nations avait montré toute l'imminence du péril, et l'affection que le peuble éprouvait pour César le portait à s'exagérer encore la grandeur et les conséquences de ses succès.

César revint, comme il l'avait fait l'année précédente, passer l'hiver à Lucques en Lombardie. Son but, en se rapprochant ainsi de Rome, était de se mettre en relation avec tous ses amis, qui ne cessaient d'intriguer en sa faveur. De son côté, il les aidait et leur faisait passer des sommes énormes, au moyen desquelles ils obtenaient facilement les premières charges de la république; une fois entrés en fonctions, autant par reconnaissance que par intérêt, ils employaient toute leur autorité, toute leur influence à augmenter l'importance politique de leur protecteur. Les plus grands personnages de Rome affluaient à Lucques, et c'était à qui ferait sa cour à César. Avant de reprendre le chemin des Gaules, celui-ci convint avec Pompée et Crassus qu'il les ferait nommer consuls, et qu'une fois nómmés ils prolongeraient de cinq années son gouvernement dans les Gaules. Avec l'influence dont César disposait, l'exécution de ce plan n'offrit aucune difficulté sérieuse; un seul citoyen, Domitius, osa disputer le consulat aux triumvirs, et faillit payer de sa vie cette audacieuse tentative.

César, ayant en outre obtenu du sénat un décret par lequel on lui accordait tout l'argent nécessaire pour achever la pacification des Gaules, se remit en route pour rejoindre son armée. Pendant son absence, les Teuctères et les Usipètes, chassés de leurs terres par les Suèves, avaient passé la Meuse et refoulé devant eux les Ménapiens. A l'annonce de l'approche de César, les Teuctères et les Usipètes lui envoient des députés pour lui offrir de se soumettre, à condition qu'on leur permettrait de s'établir dans le pays qu'ils venaient de conquérir. César feint d'accepter leurs propositions, négocie avec eux, puis, les attaquant à l'improviste, profite de leur sécurité pour les tailler en pièces. César, dans ses Commentaires, cherche à atténuer cet acte odieux en disant que c'est folie de se piquer de bonne foi avec des perfides; mais ce qui prouve le peu de valeur de cette excuse, c'est que Caton dit en plein sénat qu'il fallait livrer César aux barbares, afin de détourner de la ville et de faire tomber sur la tête du vrai coupable la punition que méritait la violation de la foi jurée.

Près de quatre cent mille hommes, selon Plutarque, de ceux qui avaient passé le Rhin, périrent avant de pouvoir trouver un asile de l'autre côté du fleuve. Les Sicambres recueillirent généreusement le petit nombre qui échappa au massacre. César vit dans cet acte d'humanité une déclaration de guerre. Aussitôt il entreprend de jeter un pont sur le Rhin, l'achève en dix jours malgré l'effort des ennemis, malgré la largeur, la profondeur et la rapidité du fleuve, et y fait passer son armée. Les Sicambres, terrifiés, fuient au fond de leurs forêts et de leurs marécages, abandonnant à la merci des Romains leurs villes et leurs bourgades. César, reconnaissant l'impossibilité de les poursuivre, se venge en saccageant tout le pays, puis repasse le Rhin, détruit son pont, et termine cette expédition en moins de dix-huit jours.

Ce fut peu de temps après cette excursion en Germanie que César résolut de conquérir la Grande-Bretagne, pays inconnu des Romains. Tout ce qu'on savait de positif, c'est que les Bretons avaient fréquemment envoyé des secours aux Gaulois. Du reste, on ignorait à Rome la véritable étendue de cette île, et beaucoup même pensaient qu'elle s'unissait au nord avec la terre ferme. Une première fois César ne put y débarquer qu'une partie de ses troupes, et dut se borner à quelques excursions le long du rivage; mais la seconde fois il prit terre avec cinq légions et deux mille chevaux. Après plusieurs combats où tout l'avantage demeura du côté des aigles romaines, les Bretons demandèrent et obtinrent la paix à condition de payer un tribut annuel.

En revenant de la Grande-Bretagne, César dut s'occuper de donner à ses troupes leurs quartiers d'hiver. Une sécheresse excessive ayant menacé toutes les récoltes, il fut obligé de disséminer ses troupes plus qu'il ne le faisait ordinairement, afin d'assurer leur subsistance dans un pays où la disette était extrême. Cette circonstance parut trop favorable aux Gaulois pour ne pas tenter encore une fois de reconquérir leur liberté. Aussi se soulevèrent-ils en masse dès que César eut repris le chemin de l'Italie. Les Liégeois, les premiers, attaquent la légion cantonnée chez eux, emportent son camp et la taillent en pièces. Fiers de cette victoire, ils vont, Ambiorix à leur tête, assaillir la légion de Quintus Cicéron. Soit que le camp de celui-ci fût plus fortement retranché, soit qu'il fût mieux défendu, il résista à tous les assauts qu'on lui donna jusqu'à ce que César, déjà fort loin, fut instruit de la position presque désespérée dans laquelle il se trouvait. Aussitôt il rassemble à la hâte sept mille hommes, et revient à marches forcées au secours de son lieutenant. Les Liégeois, instruits de son approche, lèvent le siége et vont à sa rencontre, persuadés qu'ils pourront facilement écraser une troupe aussi inférieure en nombre. César, pour accroître leur présomption, fait semblant de fuir. Ambiorix se lance à sa poursuite, et l'attaque sans se donner la peine de former ses troupes en bataille. Cette imprudence lui coûta cher : César, qui tenait sa cavalerie et ses légions toutes prêtes, fond à son tour sur cette multitude en désordre et en fait un affreux carnage.

Ce coup vigoureux eut pour effet, sinon d'étouffer les germes de sédition répandus dans les Gaules, du moins de les empêcher de se produire au grand jour. Mais César ne put se tromper sur la valeur de cette vaine apparence de soumission, et il n'osa cet hiver-là s'éloigner de ces peuples, qui frémissaient sous sa main. Il employa toute la mauvaise saison à visiter ses quartiers et à surveiller des conspirations dont l'explosion était évidemment prochaine. Elle ne se fit pas attendre en effet. Une ligue formidable réunit tous les peuples de la Gaule contre l'ennemi commun, et les Carnutes donnent le signal de la prise d'armes en égorgeant à Orléans tous les Romains qui s'y trouvaient. Aussitôt les Auvergnats, les Sénonais, les Parisiens, les peuples du Poitou, du Querci, de la Saintonge, du Limousin, de la Touraine, du Maine, de l'Anjou et des vastes provinces baignées par l'Océan se soulèvent à la fois et se rangent sous le commandement de Vercingétorix. Plutarque remarque avec beaucoup de sens que si cette levée de boucliers avait été différée jusqu'à ce que César, en ce moment de l'autre côté des Alpes, eût été engagé dans la guerre civile, la situation du général romain eût été des plus scabreuses ; car il se fût vu forcé ou d'abandonner sa conquête dans les Gaules, ou de laisser à Rome le champ libre au parti puissant que ses vues ambitieuses y avaient ligué contre lui.

A la nouvelle de cette conflagration générale, César repasse les Alpes malgré la rigueur de l'hiver, et vient se mettre à la tête de ses légions. Rien n'arrête sa marche : ni les fleuves débordés et roulant des glaçons, ni les campagnes inondées, ni les routes couvertes de neige ou transformées en marais. En dépit de tous ces obstacles, la rapidité de ses mouvements est si grande, qu'il devance les courriers qui portent aux différents corps gaulois la nouvelle de son arrivée, et tombe sur les villes et les châteaux avant que leurs garnisons soupçonnent l'approche des Romains. C'est ainsi qu'il prend, pille et brûle Genabum (Orléans) et Avaricum (Bourges).

Ces coups terribles n'empêchent pas les Éduens, qui habitaient alors Lyon, Autun, Mâcon, Nevers et Châlons, et qui s'appelaient les frères des Romains, d'entrer dans la ligue gauloise. Toutes les autres provinces restées jusque-là fidèles sont entraînées par cette défection. César, dont les troupes se découragent, est obligé de battre en retraite ; il traverse le pays de Langres, et cherche à gagner la Franche-Comté pour se trouver plus à proximité de l'Italie, dont il compte recevoir des secours. Les Gaulois prennent cette retraite, exécutée dans un ordre admirable, pour une fuite, et croient n'avoir besoin que d'attaquer César pour l'écraser.

Lè combat s'engage dans les environs de Langres. Les Gaulois, s'abandonnant à leur fougue, chargent les légions romaines sans prendre la peine de se former en bataille. César, ne se laisse ni intimider, ni entamer, par cette multitude presque uniquement composée de cavalerie, qui fond sur lui dans un pêle-mêle plus effrayant que redoutable. Il partage en trois corps sa cavalerie, dont les rangs serrés soutiennent l'effort des Gaulois. Après plusieurs heures d'un combat acharné, un mouvement habile et vigoureusement exécuté par la cohorte germaine au service des Romains, décide de la victoire en leur faveur. Vercingétorix voit ses troupes enfoncées de toute part, et court s'enfermer dans Alise (1) avec soixante-dix mille hommes.

La victoire de Langres change entièrement les dispositions de César : il prend à son tour l'offensive, ne songe plus qu'à profiter de son succès, qui a complétement relevé le courage de ses soldats, et se décide hardiment à assiéger Vercingétorix dans la ville où il s'est jeté.

A peine les Romains sont-ils devant la place, qu'ils apprennent que trois cent mille Gaulois viennent au secours de Vercingétorix. Aussitôt César entoure Alise d'une double ligne de fortifications, l'une contre les assiégeants, l'autre

(1) Ville aujourd'hui détruite, et qui se trouvait située près du bourg de Sainte-Reine (Côte-d'Or).

contre ceux qui avancent pour les dégager. Ces retranchements, garnis de fossés, de palissades, de chausse-trapes, avaient plus de seize kilomètres de développement, et la promptitude avec laquelle ces immenses travaux furent exécutés tient du prodige.

Animés par le danger que courait leur général, les Gaulois firent des efforts inouïs pour emporter le camp de César. Pendant trois jours, les Romains eurent à soutenir le choc effroyable de cette multitude, que les assiégés secondaient par une puissante diversion. Attaqué par devant et par derrière, obligé de faire face de tous côtés à la fois, le général romain, grâce aux savantes dispositions qu'il avait prises, lassa la constance des Gaulois; et quand il les vit épuisés par trois jours de tentatives aussi inutiles que chèrement payées pour franchir ses lignes, il sortit à son tour de son camp, fondit sur eux et les tailla en pièces. Les assiégés, découragés, demandèrent aussitôt à capituler. Vercingétorix vint lui-même se livrer à son vainqueur.

Telle fut la dernière tentative générale de la nation gauloise pour secouer la domination étrangère. Le seul avantage que les Gaulois tirèrent de leur longue résistance, ce furent les ménagements que les Romains gardèrent vis à-vis d'eux. Ils n'osèrent imposer un joug trop pesant à un peuple capable de pareils efforts pour le briser.

Le pillage de tant de villes emportées d'assaut mit César en possession de richesses immenses ; elles lui servirent à récompenser magnifiquement ses soldats, et à acheter quiconque avait quelque crédit à Rome.

La pacification des Gaules n'eut pas plutôt laissé à César le loisir de travailler à se débarrasser du seul rival qui pût lui disputer l'empire du monde, qu'il ne songea plus qu'à le perdre.

Les hostilités entre César et Pompée commencèrent par la proposition que fit au sénat le consul C. Marcellus d'envoyer dans les Gaules un nouveau proconsul. Cette proposition fut audacieusement combattue par le tribun Curion, qui pour dix millions de francs avait vendu à César son crédit, son éloquence, et, pour parler net, la liberté de sa patrie.

Curion fit valoir que si l'on forçait César à congédier son armée, la justice exigeait que Pompée licenciât également ses troupes, parce que sans cela il serait réellement maître de la république. Or, ceci ne faisant l'affaire ni du sénat, qui comptait sur Pompée pour tenir César en échec, ni de Pompée lui-même, la proposition du consul n'eut aucune suite jusqu'à l'expiration du tribunat de Curion ; mais dès que celui-ci fut remplacé, le sénat reprit son premier projet ; les nouveaux tribuns, M. Antoine et Q. Cassius, s'y opposèrent vainement, et cette fois un décret passa portant que si César ne licenciait pas ses troupes sur-le-champ, il serait déclaré coupable d'attentat contre la république.

Cette mesure rigoureuse fut considérée par César comme une déclaration de guerre. A son instigation, les deux tribuns firent semblant de ne plus se croire en sûreté à Rome, et se sauvèrent à Rimini déguisés en esclaves.

César se trouvait en ce moment à Ravenne, où il attendait un prétexte pour éclater. La fuite des tribuns lui offrit celui qu'il cherchait : il rassemble ses soldats, leur peint sous les couleurs les plus noires la violation des droits du tribunat, les exhorte à protéger, à venger les tribuns, et parle avec tant d'éloquence, qu'il entraîne ses troupes au delà du Rubicon et emporte avec elles la ville de Rimini. En traversant le Rubicon, César, selon l'expression de Plutarque, se jetait à corps perdu dans l'avenir, et ouvrait toutes les portes de la guerre tant sur terre que sur mer. C'était en effet un appel à la force, qui seule devait décider à qui appartiendrait l'empire du monde.

La prise de Rimini causa à Rome une émotion pareille à celle qui, deux siècles auparavant, avait suivi la perte de la bataille de Cannes. De Rome, l'épouvante se répandit dans tout le reste de l'Italie, et l'on ne voyait pas seulement des familles qui fuyaient, mais des villes entières dont les habitants émigraient en masse. Rome se remplit d'une inondation de fugitifs qui y affluaient de toutes parts. C'était un tumulte, une agitation sans exemple, parce que les uns tenant pour César, les autres pour Pompée, il résultait du choc des passions hostiles une confusion inexprimable. Ce n'étaient partout que disputes, rixes, imprécations. En vain les magistrats cherchaient-ils à rétablir l'ordre : les lois dont ils étaient les dépositaires et les organes n'avaient pas plus d'autorité qu'ils n'avaient eux-mêmes de force pour les faire exécuter.

Au milieu de cette tourmente, Pompée, en butte aux amis de César parce qu'il était le rival de leur idole, en butte aux ennemis de César parce que ceux-ci lui reprochaient son ancienne alliance avec le rebelle, ne savait quel parti prendre. Il se décida enfin à se retirer en Épire, et à abandonner l'Italie au vainqueur des Gaules.

Soixante jours suffirent à César pour se rendre maître de toute l'Italie sans coup férir. Il revint alors à Rome, puisa à pleines mains dans le trésor public, et résolut de se débarrasser des lieutenants de Pompée qui commandaient en Espagne avant de marcher contre Pompée lui-même. Il craignait avec raison que ceux-ci ne vinssent lui ravir l'Italie pendant qu'il serait occupé en Grèce.

« Je veux, disait-il, combattre d'abord ces troupes sans général, pour avoir plus facilement raison du général sans troupes. »

César passa donc en Espagne, où Petreius et Afranius, lieutenants de Pompée, avaient rassemblé près de Lérida environ soixante mille hommes. César s'avança contre eux, et par une suite de petits combats, de marches et de contre-marches des plus savantes, les réduisit à demander la paix et à licencier leurs troupes C'était peu pour César d'avoir forcé celles-ci à mettre bas les armes, il se conduisit avec elles de manière à en enrôler la plus grande partie sous ses drapeaux.

Le troisième lieutenant de Pompée, Varron, abandonné par la moitié de ses troupes, imita ses collègues : en sorte qu'en une seule campagne César, non-seulement priva son rival de toutes les forces dont il disposait en Espagne, mais grossit considérablement les siennes en incorporant dans son armée les meilleurs soldats de Pompée.

En revenant en Italie il se présenta devant Marseille, qui lui avait fermé ses portes à son passage. Cette ville se rendit, et paya sa résistance de ses vaisseaux et de ses trésors.

De retour à Rome, César se fait nommer dictateur, distribue tous les emplois publics à ses créatures, part pour Brindes et s'y embarque pour la Grèce avec vingt mille hommes et six cents cavaliers. Antoine devait le rejoindre avec des forces à peu près pareilles.

Pompée était à Dyrrachium ; César y marche et lui offre la bataille. Pompée, maître de la mer et dans l'abondance, ne l'accepte point, et espère miner son ennemi par la famine. César, pour déjouer une résolution qui peut le perdre, forme le hardi projet d'enfermer son ennemi dans son camp, et de l'affamer lui-même.

En effet, il creuse des fossés de vingt kilomètres de tour qui enveloppent le camp de Pompée et n'y laissent plus rien pénétrer. Bientôt les soldats de Pompée manquent d'eau, de blé, de fourrages, et se trouvent dans la même position que ceux de César, obligés de vivre de racines ; mais tel était l'enthousiasme de ces derniers, qu'ils se disaient prêts à manger des écorces d'arbre plutôt que de laisser échapper Pompée.

Pompée s'échappa pourtant : il attaque à l'improviste les lignes de César, les force et met en déroute un corps d'armée qui tente de l'arrêter. Si Pompée, profitant de la terreur que ce double échec avait jetée dans l'armée de César, l'eût attaqué lui-même, il paraît hors de doute qu'il eût anéanti ou dispersé l'armée de son rival, qui l'avoua lui-même ; mais Pompée laissa échapper une occasion qui ne se représenta plus.

César, obligé de décamper, prit le chemin de

la Thessalie. Pompée l'y suivit, toujours déterminé à éviter une action générale et à lasser son ennemi comme celui-ci avait lassé Afranius et Varron. Mais Pompée était plus capable de prendre une bonne résolution que de l'exécuter jusqu'au bout. Il céda aux conseils et aux épigrammes de ses officiers, qui depuis l'affaire de Dyrrachium ne doutaient plus de la victoire, et tantôt suppliaient leur général d'en finir, tantôt se moquaient de sa prudence. Pompée accepta donc la bataille dans les plaines de Pharsale. Sa cavalerie était bien supérieure à celle de César; il la plaça tout entière à son aile gauche, pour écraser celle de son ennemi et prendre ensuite son infanterie en flanc.

La cavalerie de César plia en effet; mais à cet instant, six cohortes choisies fondent sur les vainqueurs, et par ordre de leur général leur portent la lance au visage. Les cavaliers presque tous jeunes patriciens et jaloux de leur bonne mine, s'étonnent de ce genre d'attaque et se débandent. Alors les six cohortes font elles-mêmes le mouvement que Pompée espérait exécuter avec sa cavalerie : elles prennent son corps de bataille en flanc, tandis que les légions de César attaquent le front avec fureur. L'armée de Pompée ne peut résister à ce double choc et cherche à gagner son camp. Elle y pénètre en désordre; mais César l'y suit et remporte une victoire complète. Quarante mille hommes sont pris ou tués, et le reste se disperse.

Pompée, obligé de fuir, gagne Larisse et n'a bientôt plus d'autre ressource que de passer en Égypte, où il périt assassiné à l'instigation des ministres de Ptolémée, frère de la fameuse Cléopâtre. Quand Pompée y débarqua, le frère et la sœur en étaient venus à une rupture ouverte, et se préparaient à se disputer les armes à la main le trône de leur père.

César, qui suivait Pompée de près avec quatre mille hommes, n'est pas plutôt à terre qu'on lui présente la tête sanglante de son ennemi ; à cette vue, César, ému ou feignant de l'être, détourne les yeux et ordonne qu'on ensevelisse honorablement ces tristes dépouilles.

Au lieu de poursuivre le cours de ses victoires, César cède aux instances de Cléopâtre, qui implore sa protection contre son frère Ptolémée. Celui-ci vient les assiéger tous deux dans Alexandrie ; mais il ne peut forcer la place, et après plusieurs combats partiels dans lesquels l'avantage reste toujours à César, Ptolémée perd enfin une bataille générale : son armée se disperse, et lui-même se noie en essayant de traverser le Nil.

César, après avoir également vaincu Pharnace, un des fils de Mithridate, qui espérait profiter des dissensions des Romains pour ressaisir les

États de son père, revint à Rome, où il vendit à l'encan les biens de Pompée et ceux des vaincus. Il se disposait à partir pour l'Afrique, lorsqu'une violente sédition, qui éclate en Campanie parmi ses vieilles légions, est sur le point de le priver en un moment du fruit de tous ses triomphes.

Au commencement de la guerre, César leur avait fait de grandes promesses, que les circonstances ne lui avaient pas encore permis d'exécuter. Les légions, mécontentes, et sentant que leur général pouvait difficilement se passer d'elles, demandent impérieusement et les gratifications promises et leur libération du service. César leur envoie Salluste pour les calmer; mais Salluste n'obtient rien, et elles marchent sur Rome.

A cette nouvelle, César ferme les portes de la ville, range sur les murs les troupes qui lui restent fidèles, puis sort de Rome et va trouver les séditieux rassemblés au Champ de Mars. Là il monte sur son tribunal, et leur demande fièrement ce qui les amène. Cette audace les déconcerte, et, sans parler des récompenses promises, ils se contentent d'exposer qu'épuisés et brisés par tant de fatigues ils ont bien mérité leur congé.

« Je vous le donne, répond dédaigneusement César, et lorsque j'aurai vaincu avec d'autres troupes je vous paierai ce que je vous dois. »

Ce ton, ces paroles achevèrent d'atterrer les vieux soldats; ils s'écrient qu'ils reconnaissent leur faute et sont prêts à le suivre jusqu'au bout du monde.

César se fait longtemps prier, reste inexorable pour la dixième légion, sa favorite, pardonne aux autres, et passe en Afrique, où s'étaient réfugiés les débris de Pharsale et les principaux lieutenants de Pompée : Scipion, Labiénus, Caton.

Pendant que César, avait perdu un temps précieux pour la défense de Cléopâtre, les lieutenants de Pompée, appuyés par Juba, roi de Mauritanie, avaient eu le temps de se reconnaître et de s'organiser.

Le dictateur, arrivé à Andrumette, y attend tranquillement que toutes ses légions l'aient rejoint. Alors il attaque brusquement Scipion et Juba près de Thapsus, et les met en déroute. Cette bataille fut si décisive, qu'aucun des adversaires de César ne parvint à rallier les troupes dispersées.

La victoire de Thapsus acheva l'anéantissement du parti de Pompée. César revint à Rome, se fit nommer dictateur pour dix ans, et permit qu'on lui élevât une statue sur le Capitole avec cette inscription : « A CÉSAR DEMI-DIEU. »

Pour donner une idée des sommes immenses dont César disposa pour récompenser les fonctionnaires, les officiers, les soldats qui lui avaient aidé à devenir le maître du monde, nous dirons que, sans parler des fêtes, des banquets qu'il offrit au peuple, il fit compter à chaque soldat trois mille francs de notre monnaie. Les centurions reçurent le double, les tribuns le quadruple : ce qui suppose, pour une armée de soixante mille hommes, une dépense de plus de deux cent cinquante millions de francs.

Pour réparer les pertes de la nation, César encouragea les mariages, promit des récompenses aux pères de plusieurs enfants, réforma le calendrier, renouvela les lois somptuaires, accorda le droit de bourgeoisie aux littérateurs et aux artistes. Rien de mieux ; mais sa conduite vis-à-vis du sénat est loin de mériter des éloges. Pour se créer un parti puissant dans cette auguste assemblée, il y fit entrer des hommes souillés de crimes ou qui n'avaient aucun titre à une semblable distinction.

Du reste, César ne se donna plus la peine de cacher aux Romains ses désirs de joindre à son omnipotence le titre d'empereur. Un jour Antoine lui offrit publiquement le diadème, et s'il ne l'accepta pas, c'est qu'il ne croyait pas que le moment fût venu de le placer sur sa tête.

La manière hautaine et dédaigneuse dont il traitait le sénat fut la cause de sa perte. Non-seulement César ne laissait aucune autorité à ce corps, mais il rédigeait lui-même les décrets que le sénat avait le droit de rendre, et les signait d'un nom de sénateur pris au hasard. Ces procédés méprisants, autant et plus encore peut-être que ses prétentions au titre d'empereur, décidèrent un certain Lombre de sénateurs à se débarrasser de César. Les principaux conjurés étaient Casca, Cimber, Cassius et Brutus. Tous avaient servi sous César, et avaient été comblés de ses bienfaits.

Le jour fixé pour l'exécution ils se rendent au sénat. César, malgré des pressentiments funestes, paraît bientôt dans l'assemblée. Aussitôt les conjurés l'entourent, sous prétexte de lui demander la grâce du frère de Cimber exilé; César refuse; alors Casca lui porte un coup de poignard, et tous les autres suivent cet exemple. Le dictateur essaie d'abord de se défendre; mais, voyant Brutus parmi les meurtriers, il s'écria : « Et toi aussi, mon fils! » Puis, s'enveloppant la tête de sa robe, il tombe percé de coups aux pieds de la statue de Pompée.

César n'avait que cinquante-six ans; il méditait les plus vastes projets : outre une expédition destinée à agrandir l'empire romain de manière qu'il n'eût d'autres limites que le monde connu, il voulait couper l'isthme de Corinthe, creuser un canal navigable pour les plus gros navires qui unît Rome à Circéum, dessécher les marins Pontins, et assainir ainsi les campagnes de Rome.

César, selon la remarque de Montesquieu, avait des vices, mais point de défauts. Tout en effet était grand chez cet homme extraordinaire, tout chez lui était à la hauteur de son immense ambition. Comme général, nul ne peut lui être comparé, car il réunissait les qualités si diverses qui complètent le capitaine. Il savait aussi bien lasser ses ennemis par des marches et des contre-marches, employer contre eux toutes les ressources d'une tactique savante, que tomber sur eux avec la rapidité de la foudre. Jamais général ne le surpassa dans l'art de se faire aimer de ses troupes, de leur inspirer une confiance aveugle. César fut quelquefois battu ; mais jamais il n'échoua dans une entreprise, parce que sa prudence et son habileté égalaient son audace.

Comme profond politique, commé diplomate, comme administrateur, il serait difficile de trouver un homme capable de l'égaler ; car, depuis le jour où il résolut d'être le maître du monde, non - seulement jamais il ne dévia de son but, mais toujours il fit ce qu'il fallait pour y arriver sûrement.

Pourquoi faut-il que cette vaste intelligence, ce faisceau de qualités surhumaines qui constituaient pour ainsi dire l'âme de César, n'aient été mis en œuvre que pour l'asservissement du monde ! Si César, en voulant être le premier, eût prévu que pour le devenir il serait obligé d'emporter trois cents villes et de combattre trois millions d'hommes, dont un tiers fut tué et l'autre réduit en esclavage, peut-être eût-il reculé devant cette tâche effroyable, et eût-il voulu faire le bonheur du genre humain plutôt que d'en devenir le fléau.

ANNIBAL

Annibal, fils d'Amilcar Barca, l'un des meilleurs capitaines qu'ait possédés Carthage, fut élevé dans la haine du nom romain. Il n'avait que neuf ans lorsque son père l'emmena avec lui en Espagne (1). Avant de quitter l'Afrique, Amilcar offrit un sacrifice, et à l'issue de la cérémonie il fit jurer à Annibal, sur l'autel même, qu'il serait toute sa vie l'implacable ennemi de Rome. Jamais serment ne fut mieux tenu que celui de cet enfant de neuf ans. Annibal, malgré sa jeunesse, ac-

(1) Nous suivons ici la version de Polybe, que nous croyons plus exacte que celle de Tite-Live. Selon ce dernier, Annibal ne serait venu en Espagne qu'à vingt-trois ans.

compagna son père dans toutes ses expéditions, et se familiarisa de bonne heure avec le métier des armes. Amilcar étant mort glorieusement dans une bataille, après avoir étendu en Espagne la domination de Carthage, le commandement de ses troupes fut confié à Asdrubal, son gendre. Annibal servit sous lui comme il avait servi sous son père. Il avait à peine vingt-trois ans, et déjà il passait à juste titre pour un des officiers les plus distingués de l'armée.

Trois ans après il succédait à Asdrubal, et, chose remarquable, c'était l'armée qui l'avait pris pour son chef sans attendre la décision de Carthage, qui du reste s'empressa de ratifier le choix des troupes, tant la réputation d'Annibal se trouvait déjà bien établie.

Il était difficile en effet de rencontrer un homme plus digne d'occuper un pareil poste. Malgré l'éclat de sa naissance, il vivait avec le soldat, se nourrissait et s'habillait comme lui, et ne s'en distinguait que par la beauté de ses armes et de ses chevaux ; toujours le premier à l'attaque et le dernier dans la retraite, infatigable dans les travaux et dans les marches, inébranlable dans les dangers, toujours plein de ressources pour se tirer du plus mauvais pas, avec lui les soldats osaient tout et ne craignaient rien.

Dès qu'il se vit investi de l'autorité suprême, il ne songea plus qu'à se montrer fidèle à son serment et à reprendre la guerre contre les Romains; mais, sentant qu'avant de proposer à ses compatriotes d'entamer une lutte terrible et décisive, il fallait montrer ce dont il était capable, il étendit les conquêtes d'Asdrubal, son oncle, gagna des batailles, força des villes opulentes, et envoya à Carthage une flotte chargée du plus riche butin.

Enhardi par ces succès, il forma le dessein d'assiéger Sagonte, ville alliée des Romains. Les Sagontins, effrayés des conquêtes d'Annibal et pressentant le sort qui les menace, dépêchent des députés à Rome pour demander des secours. Le sénat se contente d'envoyer deux ambassadeurs à Annibal pour le sommer de respecter les traités signés par son oncle. Annibal ne daigne pas même les entendre, bat les Sagontins et les rejette dans leur ville, dont il forme le siége; huit mois après il emporte la place, y fait un butin immense et la réduit en cendres.

Cette audacieuse violation des traités ne pouvait manquer d'allumer la guerre entre les deux républiques. Rome essaie vainement de soulever les peuples de l'Espagne contre les Carthaginois. « Comment osez-vous nous parler d'alliance, répondent-ils aux ambassadeurs romains, quand les ruines de Sagonte fument encore? Allez chercher des amis où l'on ignore encore le désastre de cette ville infortunée : quant à nous, ces ruines nous apprennent ce qu'il faut espérer de vous et craindre d'Annibal ! »

Les ambassadeurs, repoussés en Espagne, ne furent guère plus heureux de l'autre côté des Pyrénées. Marseille seul les accueillit bien, quoique l'or d'Annibal lui eût ménagé un parti puissant dans cette florissante cité.

Il fallait un courage et un génie tels que celui du général carthaginois pour exécuter le grand projet qu'il méditait, d'aller attaquer les Romains jusqu'au cœur de l'Italie ; il avait en effet plus de seize cents kilomètres à parcourir depuis Carthagène jusqu'aux rives du Pô ; il fallait d'abord vaincre les peuples espagnols qui s'étendaient entre l'Èbre et les Pyrénées, escalader ces montagnes et les Alpes, regardées comme les plus hautes de l'Europe ; enfin, tous ces obstacles vaincus, il s'agissait de lutter avec une armée épuisée par tant de fatigues, décimée par tant de combats, contre le peuple le plus puissant de la terre et qui pouvait lever huit cent mille combattants.

Annibal calcula toutes les mauvaises chances de cette entreprise, et ne s'y engagea qu'après s'être assuré qu'il pouvait les surmonter. Les Espagnols qui lui restaient à vaincre n'étaient pas plus braves que ceux qu'il avait déjà subjugués. Il avait acheté la neutralité de la plupart des peuples gaulois dont il fallait traverser le territoire. Avant lui une armée gauloise avait franchi les Alpes, pourquoi serait-il lui-même moins habile et moins heureux ? Enfin les intelligences qu'il avait dans la Gaule cisalpine lui donnaient l'assurance qu'il trouverait parmi ses habitants des peuples qui n'attendaient que sa présence pour secouer le joug romain.

Du reste, l'expédition d'Annibal parut un fait si surprenant, si extraordinaire, que les historiens, Tite-Live en tête, ne pouvant expliquer naturellement comment le général carthaginois était parvenu à l'exécuter, firent intervenir des prodiges, et mêlèrent des fables ridicules à leur récit. Polybe seul resta dans le vrai et se convainquit, en recueillant des témoignages sur les lieux mêmes traversés par Annibal, que son courage, sa prudence et son génie lui avaient suffi pour surmonter tous les obstacles.

Il partit de Carthagène à la tête de quatre-vingt-dix mille fantassins et de douze mille cavaliers, dont la moitié se composait de Numides, qui excellaient dans l'art de manier un cheval, et que leur fougue, leur adresse, la rapidité de leurs évolutions devaient rendre si redoutables aux Romains.

Annibal soumit très-promptement la partie de l'Espagne située entre l'Èbre et les Pyrénées, franchit heureusement ces montagnes, et arriva à Illibère, aujourd'hui Collioure, dans le Roussillon ; les princes gaulois s'y étant rendus, le général carthaginois les gagna si bien par ses manières et ses présents, qu'ils lui permirent de traverser leur pays et lui fournirent des vivres de toute espèce.

Le sénat, ayant appris qu'Annibal s'avançait en deçà des Pyrénées, envoya Publius Scipion à sa rencontre pour éloigner la guerre de l'Italie.

Quand Scipion arriva à Marseille, il fut fort étonné d'apprendre qu'Annibal, qu'il croyait encore fort loin, se trouvait déjà sur les bords du Rhône. Scipion eût bien voulu marcher incontinent à lui et lui disputer le passage du fleuve ; mais ses troupes, fatiguées par un long trajet sur mer, avaient impérieusement besoin de quelques jours de repos.

Ce délai rendit un immense service aux Carthaginois ; car les Volques, qui habitaient le pays situé autour des embouchures du Rhône, étaient décidés à combattre Annibal, et Scipion, s'il s'était joint à eux avant qu'Annibal eût traversé le Rhône, aurait peut-être trouvé là une barrière infranchissable.

Les Volques, réduits à leurs seules forces, tentèrent vainement d'arrêter les Carthaginois : pendant qu'Annibal avec le gros de son armée les occupe sur un point du fleuve, il envoie un détachement passer le Rhône à trente-six kilomètres plus haut. Ce détachement ne rencontre aucune opposition, traverse le fleuve, et allume des feux pour avertir le général, qui alors seulement embarque son armée dans des bateaux rassemblés à la hâte. Les Volques, pris à la fois de front par Annibal et en flanc par le détachement, lâchent pied et se débandent.

Enfin Annibal arrive au pied des Alpes. A la vue de ces montagnes dont la cime se cache dans les nues, ses troupes sentent leur courage s'évanouir ; elles se plaignent, murmurent et refusent d'aller plus loin. Les soldats se montrent les uns aux autres les étroits sentiers qui s'élèvent en serpentant entre les rochers et les précipices, et s'écrient que ce n'est pas le long de pareilles pentes qu'une armée peut s'engager avec ses bagages, ses chevaux et ses éléphants.

Annibal réveille leur ardeur et leur énergie en leur rappelant que les Gaulois avaient franchi les Pyrénées avec leurs femmes et leurs enfants. A sa voix ils s'étonnent eux-mêmes d'avoir conçu de lâches pensées, et pénètrent bravement dans les défilés. Le lendemain ils aperçoivent les Allobroges, qui, retranchés sur des pics presque inaccessibles, les attendent pour les écraser sous une avalanche de traits et de pierres. C'en était fait de l'expédition si ces montagnards avaient gardé leurs positions ; mais, persuadés que les Carthaginois n'oseraient se mettre en marche pendant les ténèbres, ils se retiraient pendant la nuit pour revenir à leurs postes avec le jour.

Annibal ne s'en fut pas plutôt assuré, que par une nuit obscure il envoie un corps d'élite s'emparer de tous les sommets qui dominent le défilé. Les Allobroges reviennent le matin : l'armée carthaginoise s'ébranle. Aussitôt ils commencent à l'accabler de projectiles ; mais ils sont bientôt eux-mêmes écrasés par ceux que font pleuvoir sur eux les soldats d'Annibal logés au-dessus de leurs têtes.

Après neuf jours de marche, pendant lesquels l'armée avait eu non-seulement à repousser les attaques et les embûches de l'ennemi, mais à se frayer un chemin pour ses éléphants, elle arriva enfin au sommet des Alpes. Annibal l'arrête sur un plateau d'où l'on découvrait toute l'Italie, et leur montrant les plaines fertiles du Pô, leur promet que quelques combats les en rendront maîtres et les enrichiront pour toûjours. Ils croient en effet qu'il ne leur reste plus qu'à descendre pour recueillir les fruits de leurs travaux, et ils descendent.

La fin d'octobre approchait : le froid était vif, une neige épaisse couvrait les chemins, et chaque faux pas, le moindre écart précipitait hommes et bêtes dans des ravins d'où nulle force humaine ne pouvait les retirer. Malgré ces dangers toujours présents, les soldats avançaient. Mais tout à coup ils se trouvent à l'extrémité d'une gorge qui débouche dans un précipice de cinq cents pieds de profondeur. A droite et à gauche se dressent des rochers perpendiculaires. D'abord Annibal songe à reculer et à faire le tour des rochers qui lui barrent le chemin à gauche ; mais ses éclaireurs lui rapportent que la neige amoncelée rend ce projet impraticable. « Eh bien ! répond Annibal, nous passerons à travers les rocs eux-mêmes ! »

Il le fit en effet. Ses soldats, sans employer, comme le raconte Tite-Live, ni le feu, ni le vinaigre, aplanirent les rochers par les procédés ordinaires. Comme ils ne pouvaient travailler beaucoup d'hommes à la fois, ils se relayaient fréquemment, en sorte que la besogne marchait sans discontinuer. Les travaux furent dirigés avec tant d'intelligence et menés avec tant de vigueur, qu'en trois jours les Numides tracèrent un chemin praticable aux éléphants. Sept jours après toute l'armée d'Annibal atteignait les plaines du Pô.

Elle avait mis cinq mois à se rendre de Carthagène aux Alpes, et quinze jours à franchir ces montagnes.

A peine Annibal eut-il donné quelque repos à ses troupes, réduites à vingt mille hommes de pied et six mille chevaux, qu'il s'avança dans le pays. La ville de Turin lui ayant fermé ses portes, il la prit d'assaut et la saccagea. Ce terrible exemple amena la soumission d'une foule de petits États avec lesquels il fit alliance.

Scipion, pour arrêter ses progrès et la défection des alliés de Rome, attaqua la cavalerie numide dans les plaines du Tessin; mais il fut défait, blessé, et ne dut la vie qu'au dévouement de son fils. Le consul repassa précipitamment le Tessin et le Pô, et sa retraite fut le signal d'un soulèvement presque général des Gaulois cisalpins, qui embrassèrent le parti des Carthaginois.

Sempronius, que le sénat avait rappelé de la Sicile, vint à la tête de quarante mille hommes pour se joindre à Scipion ; mais ce général brûlait d'en venir aux mains avec Annibal avant d'avoir réuni ses troupes à celles de son collègue, pour ne point partager avec lui les honneurs d'un triomphe qu'il croyait assuré. Annibal, qui connaissait les dispositions d'esprit de son nouvel adversaire, se hâta de lui offrir l'occasion qu'il cherchait. Un matin, par un brouillard très-froid, il ordonna à sa cavalerie numide de passer la Trébie et d'aller insulter les Romains dans leur camp. Aussitôt le bouillant Sempronius lance contre elle sa cavalerie, et, voyant les Numides tourner le dos, fait sortir de ses retranchements le reste de son armée. Les Numides repassent la Trébie et entraînent les Romains après eux. Mais au moment où ceux-ci effectuent le passage de la rivière, Annibal fond sur eux ; et quoiqu'il n'ait que vingt mille fantassins à opposer à trente-six mille Romains, l'impétuosité de son attaque d'une part, et de l'autre la mauvaise position des troupes de Sempronius lui assurent une victoire complète.

Douze mille Romains seulement parvinrent à s'ouvrir un passage à travers leurs ennemis et à gagner la ville de Plaisance ; le reste de l'armée fut pris ou tué.

Cette bataille termina la campagne. Annibal prit ses quartiers d'hiver, et Scipion, ayant opéré sa jonction avec les débris des troupes de Sempronius, se retira à Crémone.

Dès les premiers jours du printemps, Annibal pénétra par les Apennins dans l'Étrurie. Il ne franchit ces montagnes qu'avec de grandes difficultés, à cause du temps affreux qu'il essuya. En traversant les marais de Clusium ses soldats eurent pendant quatre jours les pieds dans l'eau, et la plupart des bêtes de somme restèrent dans les boues. Depuis quelque temps il était lui-même attaqué d'un mal d'yeux qui s'aggrava tellement par le froid et l'humidité des marécages, qu'il perdit l'usage d'un œil et resta borgne.

Cette longue marche à travers un pays submergé est peut-être unique dans l'histoire. Pour se faire une idée des souffrances qu'endurèrent les troupes d'Annibal, il suffit de songer que les soldats ne purent ni s'asseoir ni se coucher, si ce n'est sur les cadavres des bêtes de somme qui s'élevaient au-dessus de l'eau.

En choisissant ce chemin effroyable, mais très-court, Annibal avait pour but de joindre le consul Flaminius et de le battre avant l'arrivée de son collègue. La connaissance qu'il avait du caractère de Flaminius lui faisait espérer de venir facilement à bout d'un adversaire qui joignait à la présomption de Sempronius une incapacité non moins grande.

Le Carthaginois se hâta d'irriter Flaminius en répandant ses troupes dans la campagne et en mettant tout à feu et à sang. Flaminius ne peut supporter ce spectacle ; et, heureux de trouver un prétexte pour combattre Annibal sans attendre l'arrivée de Servilius son collègue, il s'ébranle avec toute son armée.

Annibal trouve sur sa route une vallée unie et spacieuse formée par un coteau escarpé. A son entrée s'étend le lac de Trasymène, à sa droite et à sa gauche s'élèvent deux chaînes de montagnes. Annibal entre dans la vallée par un défilé situé entre le lac et les montagnes, s'arrête sur la colline du fond, place ses gens de trait et sa cavalerie sur les pentes latérales qui descendent dans la vallée, et ainsi posté attend le consul.

Flaminius se présente, s'engage hardiment dans le vallon, et croyant n'avoir affaire qu'aux troupes qui lui font face, fait sonner la charge.

Les Romains s'élancent en avant; mais aussitôt les frondeurs et la cavalerie d'Annibal les prennent en flanc, tandis qu'un autre corps, pénétrant dans la vallée par le chemin que Flaminius a suivi, les attaque en queue. Enveloppés de tous côtés, les Romains se défendent avec le courage du désespoir. L'acharnement fut tel des deux parts, que personne dans les deux armées ne s'aperçut d'un tremblement de terre qui renversa plusieurs villes des environs. Enfin, Flaminius ayant été tué, ses troupes furent enfoncées et mises en déroute. Les Romains laissèrent quinze mille morts sur la place; dix mille furent pris, un grand nombre s'efforça vainement de traverser le lac, et douze mille seulement rentrèrent dans Rome par divers chemins. Ils y répandirent un tel effroi, qu'on ferma les portes, comme si Annibal allait s'y présenter. Le sénat offrit aux dieux des vœux et des sacrifices, et nomma Q. Fabius dictateur.

Annibal, n'ayant pas une armée capable d'emporter la ville de Rome, poursuivit son plan de miner sa puissance en la privant de ses alliés. Pour y parvenir il renvoya sans rançon tous les prisonniers, ménagea les terres des peuples qui embrassaient son parti, et mit au contraire à feu et à sang les provinces qui restaient fidèles aux Romains. Il désola ainsi l'Ombrie et le Picenum, où Fabius vint le trouver.

4*

Annibal se hâta d'offrir le combat au dictateur ; mais celui-ci ne l'ayant pas accepté, le Carthaginois comprit qu'il avait cette fois en tête un adversaire plus redoutable que les précédents. Fabius se bornait à ne pas le perdre de vue, à le resserrer, à tomber sur ses fourrageurs. Annibal, persuadé que si Fabius persistait dans ce système, le Romain l'exterminerait en détail, tenta tous les moyens de lasser sa patience. Il ravagea les plus belles provinces de l'Italie, le Samnium et la Campanie. Mais Fabius, fidèle à son premier plan, le suit dans son excursion sans répondre à ses provocations. Toujours campé sur les hauteurs, il ne s'ébranle que quand les Carthaginois se mettent en marche, les suit à distance, et Annibal sent que le dictateur n'attend qu'un moment favorable pour terminer la guerre d'un seul coup. La conduite de Fabius est d'abord approuvée par ses soldats ; mais bientôt ils se fatiguent de tant de prudence et se moquent de leur général. Leurs sarcasmes ne font aucun effet sur le dictateur, qui se voit enfin à la veille de trouver l'occasion si longtemps, si patiemment attendue.

Annibal, après avoir ravagé la Campanie, est forcé de revenir sur ses pas, parce qu'il ne peut subsister plus longtemps dans un pays dévasté. Fabius, qui avait prévu cette nécessité, s'était empressé de fermer tous les passages. Tout autre qu'Annibal eût été perdu ; car, enfermé aux approches de l'hiver entre les rochers de Formies, les sables arides du Lexternum et d'immenses marécages, il devait s'attendre à voir ses troupes mourir de faim et de misère. Quant à forcer les passages gardés par Fabius, il n'était pas possible d'y songer.

Dans cette position critique, Annibal se tira d'affaire par un stratagème que racontent tous les historiens.

Il fait attacher aux cornes de tous les bœufs qui se trouvaient parmi le butin qu'amenaient ses soldats, une botte de sarments et de broussailles sèches, et ordonne qu'à un signal convenu on allume ces espèces de torches.

À l'entrée de la nuit, Annibal met son armée en bataille et la fait avancer lentement et en silence, les bœufs en tête. Dès que ceux-ci, conduits par des hommes accoutumés à la garde des troupeaux, commencent à gravir la montagne au sommet de laquelle se trouvaient les défilés gardés par Fabius, Annibal donne le signal d'allumer les fagots. Ils s'enflamment, et les conducteurs continuent à pousser les bœufs en avant. Bientôt la douleur les rend furieux, ils se précipitent de tous côtés, secouant leurs têtes et mettant le feu aux buissons qu'ils rencontrent. Les Romains qui gardent les passages, à la vue de ces flammes qui bondissent, en entendant ces beuglements épouvantables, se troublent, et cédant à une terreur panique, s'enfuient vers le camp de Fabius. L'infanterie légère d'Annibal survient presque au même instant, couronne les hauteurs, et toute l'armée carthaginoise défile avec son butin et ses bagages.

Fabius se doutait bien que tout ce qu'il voyait et entendait n'était qu'une ruse d'Annibal; mais, craignant de tomber dans quelque embuscade, il n'osa sortir de son camp et se contenta de se maintenir sous les armes. A la pointe du jour seulement, il attaqua l'infanterie légère, qui, chargée de garder le défilé jusqu'à ce que toute l'armée fût passée, n'avait pas encore eu le temps d'exécuter son mouvement de retraite. Déjà ces bataillons fuyaient en désordre, quand Annibal envoie, pour les rallier et les soutenir, un corps de montagnards espagnols accoutumés à gravir les rochers. Ceux-ci chargent avec tant d'à-propos les Romains pesamment armés, qu'ils leur font éprouver des pertes considérables et les obligent à fuir en désordre.

La campagne suivante ne fut marquée par aucun événement important. Annibal se maintint en Italie, et Fabius n'osa tenter contre lui rien de décisif.

A Fabius succédèrent deux consuls, Varron et Paul-Émile. Le premier dut sa nomination à l'opposition qu'il avait faite à Fabius, contre lequel il n'avait cessé d'ameuter le peuple, prétendant que sa prudence n'était que de la pusillanimité, et que s'il était à sa place il terminerait la guerre d'un seul coup par l'extermination des Carthaginois.

Le sénat ordonne une levée de quatre-vingt-sept mille hommes, et c'est avec cette armée, d'un tiers plus nombreuse que celle d'Annibal, que Varron se mit en campagne.

Le général carthaginois, pour augmenter l'arrogance de Varron, ne l'attendit pas et se retira précipitamment dans la Pouille.

Les Romains l'y suivirent. Comme des deux côtés on désirait le combat, l'action ne devait pas tarder à s'engager. Paul-Émile, qui redoutait avec raison la cavalerie numide, essaya vainement de persuader à son collègue d'éviter les plaines et de choisir un terrain accidenté, Varron ne voulut rien entendre.

La bataille se livra près de Cannes. Jamais Annibal ne déploya plus d'habileté que dans cette sanglante affaire; jamais victoire plus complète ne récompensa un grand capitaine des savantes dispositions qu'il avait prises pour forcer la fortune à lui être fidèle.

D'abord Annibal rangea son armée de manière qu'elle eût à dos un vent extrêmement violent, qui soulevait des tourbillons de poussière brûlante; chaque mouvement de la cavalerie carthaginoise augmentait encore cette poussière, qui frappait les Romains au visage et les aveuglait. Ensuite, ayant placé aux deux ailes ses meilleurs soldats et sa cavalerie, il donna à son centre de bataille la forme d'un coin dont la pointe dépassait de beaucoup l'extrémité des deux ailes.

Voici comment il tira partie de cette disposition insolite. Quand les Romains, ainsi qu'il s'y était attendu, eurent enfoncé le sommet du coin, le corps de bataille changea de figure et devint un croissant. Alors les deux ailes firent l'une vers l'autre un mouvement de conversion et fermèrent le croissant derrière les Romains ; ceux-ci, enveloppés de tous côtés, furent plutôt exterminés que vaincus, puisque soixante-dix mille hommes, selon Polybe, restèrent sur le champ de bataille. Paul-Émile ne voulut pas survivre à une pareille défaite, il refusa un cheval que lui offrait un jeune patricien et se mêla à ceux qui voulaient périr en combattant plutôt que de chercher à fuir. Varron gagna Vénuse avec quelques cavaliers, et si huit à dix mille fuyards atteignirent Lanuvium, ce ne fut que parce que les Numides se lassèrent de les poursuivre et de les tuer.

Annibal, qui avait tant de fois montré que personne mieux que lui ne savait profiter d'une victoire, ne jugea pas à propos de marcher sur

Rome. La suite des événements prouva qu'il avait eu raison de ne pas essayer d'emporter une ville aussi forte et aussi peuplée que Rome, puisqu'il assiégea inutilement, quelques mois plus tard, Naples et Nole, et ne put se rendre maître de la bicoque de Casilin qu'après un mois d'efforts.

Ainsi que nous l'avons déjà fait remarquer, il manquait de machines de guerre, et sa principale force consistait dans sa cavalerie, qui ne pouvait lui être d'aucun secours pour attaquer une place.

Aussitôt après la victoire de Cannes, Annibal s'empressa d'envoyer son frère à Carthage demander qu'on lui expédiât les renforts dont il avait besoin pour consommer la ruine de la puissance romaine, déjà si profondément ébranlée.

Les ennemis d'Annibal, qui formaient à Carthage un parti puissant, ne purent empêcher le sénat de décréter qu'on enverrait vingt-huit mille hommes en Italie et une somme représentant quatre millions de francs. Mais si le décret passa malgré eux, ils intriguèrent si bien, qu'Annibal ne reçut ni soldats, ni argent.

Annibal passa l'hiver suivant à Capoue : comme les habitants de cette ville opulente vivaient dans la mollesse, et que les Carthaginois y trouvèrent tout en abondance, les historiens romains ont dit que ce séjour fut aussi funeste à l'armée d'Annibal que la bataille de Cannes à la république. Mais si cette armée s'y était si fort amollie, comment eût-elle encore gagné des batailles, et comment les Romains eussent-ils mis quatorze ans à chasser de l'Italie des troupes énervées ?

La seule cause du revers qu'éprouva Annibal, ce fut l'abandon dans lequel le laissa Carthage, et la nécessité où il se trouva de disséminer ses forces en les envoyant au secours de ses nouveaux alliés. On peut d'ailleurs se faire une idée des sacrifices de toute espèce que les Romains durent s'imposer pour se défendre contre Annibal, puisque, pendant l'intervalle qui s'écoula entre son arrivée en Italie et son départ volontaire, la population de Rome diminua de moitié.

Nous n'essaierons pas de raconter les différents combats, les siéges, les marches et les contre-marches qui remplirent les dernières années de la lutte entre les Romains et les Carthaginois sur le sol italien : les détails de cette lutte n'offrent un véritable intérêt que sous le point de vue purement stratégique.

On ne saurait trop admirer comment Annibal réduit à ses propres ressources, et ayant à supporter tout l'effort de la puissance romaine, parvint néanmoins à se maintenir en Italie : battu sur un point, il reparaissait plus fort sur un autre, et chacune de ses défaites ne manquait jamais d'être rachetée par une victoire. Chaque fois que les généraux romains, enflés d'un précédent succès, croyaient l'écraser à la première rencontre, ils ne tardaient pas à retrouver leur ennemi plus redoutable que jamais. Ce qu'Annibal déploya d'habileté, de prudence, d'audace, de génie militaire, surpasse tout ce qu'on peut imaginer. Ses ruses, ses combinaisons stratégiques faisaient le désespoir de ses adversaires, qui, selon la nature de leur esprit, péchaient toujours ou par un excès de circonspection, ou par un excès de confiance.

Scipion ayant porté la guerre en Afrique, et gagné deux grandes batailles qui lui livraient Carthage presque sans défense, le sénat, éperdu, envoya aussitôt à Annibal l'ordre de venir au secours de la mère patrie.

A cette nouvelle le général s'embarque la rage dans le cœur : « Voilà donc où on en voulait venir ! s'écria-t-il. Il y a longtemps qu'on me rappelle par des voies détournées en refusant de m'envoyer des troupes et des munitions, et aujourd'hui on me fait revenir par un commandement formel. Annibal n'est pas vaincu par les Romains, qu'il a si souvent battus et mis en fuite ; il n'est vaincu que par les intrigues de ses ennemis. »

On ne saurait contester ni la vérité, ni la justice de ces amères récriminations, et Polybe assure qu'Annibal versa des larmes en quittant le sol italien.

Étant arrivé à Andrumette, il s'avança jusqu'à Zama. Là, croyant obtenir à la tête de son armée des conditions plus douces qu'après un combat dont les chances lui semblaient fort douteuses, il demanda une entrevue avec Scipion, et lui proposa, au nom de Carthage, la cession de la Sicile, de la Sardaigne, de l'Espagne et de toutes les îles de la Méditerranée. Scipion répondit que Carthage n'abandonnait rien en réalité, puisqu'elle ne possédait plus rien hors de l'Afrique. La conférence fut rompue, et les deux généraux se préparèrent au combat.

Ce combat fut aussi long et aussi opiniâtre qu'on pouvait l'attendre des deux plus grands capitaines de leur siècle, chacun à la tête d'une armée tant de fois victorieuse. Annibal s'y surpassa lui-même, et son infanterie carthaginoise eût peut-être fini par enfoncer les légions romaines, si la cavalerie de Masinissa ne l'eût attaquée par derrière; elle se fit exterminer plutôt que de céder.

Le vainqueur s'avança vers Carthage. Annibal ayant dit en plein sénat qu'il n'y avait d'autre ressource que dans la paix, il fut décidé qu'on traiterait à tout prix. Scipion, qui ne voulait pas compromettre la gloire d'avoir terminé une si longue guerre en poussant les Carthaginois au désespoir par des conditions trop dures, n'éleva que des prétentions raisonnables.

Annibal, après la conclusion de la paix, parvint aux premiers emplois, et se montra aussi grand administrateur qu'il avait été bon général. Mais les réformes qu'il voulut introduire, et surtout la sévérité avec laquelle il poursuivit les concussions des magistrats et des fonctionnaires, lui attirèrent la haine de tous ceux qu'il maintenait dans les bornes du devoir.

Les Romains, qui craignaient toujours Annibal, profitèrent des dispositions de ceux qui dirigeaient l'esprit public pour envoyer à Carthage deux ambassadeurs chargés de sommer le sénat de leur livrer celui qui avait mis leur république à deux doigts de sa perte. Annibal, informé du but de leur mission et comptant peu sur la reconnaissance de ses concitoyens, s'embarqua secrètement avant que les députés prissent terre, et se réfugia à la cour d'Antiochus, roi de Syrie.

Antiochus accueillit Annibal comme il méritait de l'être ; celui-ci, fidèle à son serment, le pressait de porter la guerre en Italie. Il l'assurait que s'il voulait lui confier dix mille fantassins, mille cavaliers et cent vaisseaux, il passerait en Afrique, soulèverait les Carthaginois et marcherait avec eux sur Rome.

Antiochus donna les mains à tout. Mais pendant qu'Annibal préparait son expédition, les courtisans et les généraux du roi, jaloux du crédit d'un étranger et craignant qu'il ne les éclipsât tous, se liguèrent contre lui, et à force de calomnies et d'intrigues le perdirent dans l'esprit du monarque. Au lieu de suivre les conseils d'Annibal, Antiochus céda aux instances de ses courtisans. Bientôt battu par les Romains, ainsi qu'Annibal l'avait prévu, il se vit obligé de traiter avec eux et de se soumettre aux conditions les plus humiliantes. Parmi celles-ci il s'en trouvait une qui stipulait qu'Annibal leur serait livré.

Antiochus était dans une situation telle qu'il ne pouvait rien refuser à ses vainqueurs. Annibal le savait : aussi se hâta-t-il de se mettre en sûreté en Arménie. Sept années plus tard nous le retrouvons à la cour de Prusias, roi de Bithynie. Ce prince lui confia le commandement de la flotte avec laquelle Annibal remporta une victoire signalée sur le roi de Pergame, allié des Romains.

Ce fut le dernier exploit du grand capitaine dont nous écrivons l'histoire. Vieux et renonçant enfin à l'espoir d'anéantir la république romaine, il s'était retiré dans une maison de plaisance qu'il avait fait construire près du rivage de la mer. Mais comme il se doutait bien que tôt ou tard les Romains viendraient sommer Prusias de leur livrer leur implacable ennemi et qu'il connaissait la faiblesse de ce prince, le prudent Carthaginois avait disposé son habitation de manière à ce qu'elle lui offrît sept issues différentes.

Précaution inutile. Quand Flaminius signifia à Prusias de lui remettre son hôte, Prusias fit entourer de soldats la maison d'Annibal, et celui-ci, voyant tous les passages soigneusement gardés, avala le poison qu'il portait toujours sur lui, plutôt que de tomber entre les mains de ses implacables ennemis.

Ainsi mourut Annibal, à l'âge de près de soixante-dix ans. Rome, en abusant de son immense puissance pour forcer un roitelet à violer les droits sacrés de l'hospitalité et à lui livrer un vieillard accablé par les années, montra une fois de plus qu'il n'est point d'infamie que la rancune et la peur ne puissent conseiller.

CHARLEMAGNE

« On ne peut entendre prononcer le nom de
« Charlemagne, dit un vieil auteur, sans conce-
« voir aussitôt quelque grande et merveilleuse
« idée. — Le nom de Charlemagne se trouve en
« tête de l'histoire de tous les peuples nou-
« veaux, » remarque de son côté l'historien de
la civilisation moderne ; « sous sa main puissante
« s'est opérée la secousse par laquelle la société
« européenne, faisant volte-face, est sortie des
« voies de la destruction pour entrer dans celles
« de là création. »

Charlemagne était fils de Pepin le Bref. A la
mort de ce prince, les Francs se donnèrent pour
rois ses deux fils, Charles et Carloman. Au premier échut le royaume d'Austrasie, ainsi que la

Provence et la Bourgogne, qui en dépendaient. L'Austrasie se composait principalement des provinces où les Francs s'étaient d'abord établis et où les mœurs ni la domination romaine n'avaient jamais pu jeter de profondes racines. Les contrées qui formaient le royaume de Neustrie proprement dit s'étendaient de la Loire à la Meuse; mais comme l'Aquitaine, récemment conquise par Pepin, en faisait partie, le lot de Carloman valait celui de son frère.

Sans l'intervention active et éclairée de la veuve de Pepin, dès les premières années de leur règne les deux rois, qui vivaient en assez mauvaise intelligence, en fussent arrivés à une rupture ouverte : il est même très-probable que si la mort de Carloman n'était survenue trois années plus tard, les efforts de la reine mère seraient devenus impuissants pour conjurer une guerre civile que le caractère des deux princes rendait de plus en plus imminente.

La mort du roi d'Austrasie permit à Charlemagne de se faire reconnaître roi de tous les Francs dans une assemblée générale qu'il présidait à Corbeny (1) pendant que Carloman rendait

(1) Les anciens auteurs ne disent pas Corbeny, mais Corbonnel et Corbigny. Il y avait alors à Corbeny un château très-important, dont il ne reste que quelques vestiges. Corbeny est aujourd'hui un bourg du département de l'Aisne.

le dernier soupir. Charles n'éprouva du reste aucune opposition, car les seigneurs et les prélats austrasiens, ainsi que les officiers de la cour de son frère, vinrent spontanément lui rendre hommage.

En réunissant les possessions de Carloman aux siennes, Charles étendait déjà son empire depuis la Méditerranée jusqu'au Rhin. Mais cet empire naissant, formé de provinces frémissantes sous une autorité nouvelle, était également menacé au dedans et au dehors : au dedans, par les princes dépossédés ; au dehors, par les invasions des peuples germaniques et par celles non moins redoutables des sectateurs de Mahomet.

Charlemagne, pour refouler les hommes du Nord et les contenir, résolut de soumettre les Saxons, qui habitaient depuis les bords de l'Elbe et du Weser jusqu'aux rives de la Baltique. Il pouvait espérer qu'en les initiant aux bienfaits de la civilisation et en les convertissant à la foi chrétienne, ces peuples prendraient fait et cause pour la civilisation et lui serviraient de boulevard contre les incursions des barbares.

Ce fut dans une diète tenue à Worms en 772, que Charlemagne fit connaître ses projets. Accueillis avec enthousiasme, ils furent aussitôt mis à exécution. L'empereur entra en campagne. Un grand nombre de moines prêts à annoncer l'Évangile aux vaincus accompagnaient l'armée. Charles

5

rencontra les Saxons près d'Osnabruck, les défit complétement, prit leur capitale, démolit le temple de leur principale idole, et, poursuivant le cours de ses victoires bien au delà du Weser, les força enfin à reconnaître sa souveraineté.

Avant de quitter leur pays, il fit rebâtir la ville d'Eresbourg, qui avait été prise et saccagée, et y laissa une garnison franque.

A peine eut-il terminé cette première campagne qu'il passa en Italie, où Didier, roi des Lombards, lui avait donné de graves sujets de plainte en s'emparant de plusieurs villes, et en prenant ouvertement le parti des enfants de Carloman, qui revendiquaient les États de leur père.

Pendant que Charles guerroyait contre les Lombards et forçait Didier à se livrer à lui sans conditions, avec sa femme et ses enfants, les Saxons, profitant de son éloignement, s'étaient révoltés et avaient recommencé leurs excursions. Charles marcha une seconde fois contre eux, tailla en pièces leurs armées et les poursuivit à outrance. Quand il jugea assez sévère la leçon qu'il venait de leur donner, il songea à recourir avec eux à des moyens de clémence et de conciliation. Dans ce but il convoqua à Paderborn une réunion de tous leurs chefs. Ces chefs, à l'exception de Witikind, le plus puissant et le plus brave d'entre eux, qui se réfugia en Dancmark, se rendirent à l'appel de Charlemagne, lui prêtèrent serment de fidélité et demandèrent le baptême. Le peuple suivit leur exemple, et bientôt une foule de prêtres et de moines se répandit dans le pays prêchant la foi chrétienne et bâtissant des églises et des monastères.

Pendant que Charles se trouvait encore à Paderborn, où il s'applaudissait d'avoir définitivement pacifié la Saxe, deux émirs d'Espagne qui s'étaient révoltés contre le calife de Cordoue vinrent implorer sa protection. Ils s'engageaient, dans le cas où il consentirait à les maintenir dans leurs gouvernements, à le reconnaître comme leur suzerain. Charles, ravi de cette proposition, les accueillit favorablement et leur promit de passer en Espagne.

Pour lui les plus longues marches n'étaient qu'un jeu; il arrive donc bientôt avec une puissante armée au pied des Pyrénées. Il commence par assiéger Pampelune, la force de capituler après un long siége, prend également Saragosse et soumet tout le pays jusqu'à l'Ebre.

De même que Charlemagne avait voulu se servir des Saxons pour opposer une barrière aux Normands, de même il résolut de se servir de sa conquête pour contenir les Maures, qui menaçaient son empire du côté du midi. Dans ce but, il ligua les chrétiens qui habitaient le pays avec les musulmans qui avaient secoué le joug du calife. Les uns et les autres, ayant des intérêts communs, malgré la diversité de leurs croyances, ne demandèrent pas mieux que d'unir leurs forces pour résister à une puissance dont ils avaient tout à craindre et rien à espérer. Charles fit de la contrée une nouvelle province de son empire, à laquelle il donna le nom de marche d'Espagne. En repassant les Pyrénées pour revenir en France, son arrière-garde fut attaquée par une bande de montagnards gascons qui ne vivaient que de brigandages. Ce ramas de bandits, s'étant embusqué dans un étroit défilé, tomba à l'improviste sur les bagages de l'armée, les pilla et tua quantité de vaillants chevaliers : Eghard, grand sénéchal du palais, et le fameux Roland furent au nombre des morts. La preuve que Charlemagne n'essuya pas une défaite en cette occasion et qu'il n'eut affaire qu'à des brigands, c'est que, quelque touché qu'il fût de la perte de ses plus braves compagnons d'armes, il ne put s'en prendre aux seigneurs du pays, qui l'aidèrent à châtier les coupables et ne cessèrent un seul instant de protester de leur innocence, de leur soumission et de leur fidélité.

Charles, de retour en France, apaisa quelques troubles qui s'étaient élevés dans la Septimanie (Languedoc) et dans l'Aquitaine. Il confia le commandement des principales places à des seigneurs francs sur lesquels il pouvait compter, et traversant son empire dans sa plus grande largeur,

marcha contre les Saxons, qui, excités par Witikind, s'étaient de nouveau révoltés, avaient osé
s'avancer jusqu'à Cologne et Mayence, et avaient
mis tout à feu et à sang sur leur passage.

Quand Charles arriva en Saxe, ses généraux
avaient déjà refoulé vigoureusement les Saxons.
Néanmoins ceux-ci eurent l'audace d'attendre
l'empereur sur les bords de la Lippe et de lui
offrir la bataille. « Charles, dit un vieux chro-
« niqueur, leur passa sur le ventre et couvrit la
« campagne de leurs morts. »

Le résultat de cette victoire ne se fit pas attendre. Les Saxons vinrent implorer la clémence
de l'empereur et lui offrir des serments qui ne
leur coûtaient rien, et auxquels d'ailleurs ils ne
paraissaient attacher aucune importance. Charles
s'en contenta encore une fois ; mais à peine a-t-il
passé le Rhin que l'indomptable Witikind repa-
raît. Cette fois ce ne sont pas seulement les
Saxons qu'il soulève, mais les Slaves, les Souabes
et bon nombre de peuples disséminés le long des
rivages de la Baltique. La Germanie entière semble
se liguer contre les Francs. A la nouvelle de cette
levée de boucliers, Charles accourt et apprend en
route que le comte de Thierry, un de ses parents, a laissé tailler en pièces les troupes qu'il
commandait. La rapidité avec laquelle Charlemagne s'avance à travers un pays dévasté est si
grande, qu'il surprend les Saxons et leurs alliés à

Werden , les enveloppe et les oblige à se rendre à discrétion. Il les désarme et les laisse se retirer, après avoir retenu comme otages quatre mille cinq cents prisonniers.

Quoique Charlemagne eût juré qu'il leur ferait à tous trancher la tête à la première tentative de révolte qui éclaterait dans le pays, les Saxons ne purent se décider à rester tranquilles; et à la nouvelle du soulèvement d'une tribu éloignée, Charles, dans un accès de colère, ordonna le massacre de tous les otages près de la ville de Werden.

Cette barbarie, que la sauvage brutalité des mœurs de l'époque peut seule expliquer, eut un effet tout opposé à celui qu'en attendait l'empereur. Witikind profita habilement de l'exaspération que produisit une pareille boucherie. Un épouvantable cri de haine et de vengeance s'éleva sur tous les points de la Saxe. L'élan avec lequel les populations coururent aux armes fut tel, qu'en peu de jours Witikind se trouva à la tête d'une puissante armée , et vint offrir la bataille à Charlemagne. Il paraît que l'avantage ne resta pas aux Francs, puisque leur empereur fut obligé de battre en retraite jusqu'à Paderborn et d'y attendre des renforts, avec lesquels il ne tarda pas à prendre une terrible revanche dans les environs d'Osnabruck. Ce combat, un des plus longs et des plus opiniâtres que Charlemagne ait livrés, fut le coup de grâce porté à la liberté saxonne. Vaincus, dispersés, poursuivis à outrance par l'empereur, qui pendant une année entière parcourut, perça le pays, dit un chroniqueur, tantôt de long, tantôt de travers, les Saxons comprirent enfin qu'ils devaient se résoudre à une soumission complète s'ils ne voulaient pas être exterminés.

C'est alors que leurs deux plus braves chefs, Witikind et Albion, vinrent trouver Charlemagne à Paderborn et lui prêtèrent serment de fidélité, promettant d'user de toute leur influence pour pacifier le pays. L'un et l'autre tinrent parole. Charlemagne n'eut pas de grands vassaux plus dévoués. Ils suivirent l'empereur dans son château d'Attigny-sur-Aisne, où ils furent solennellement baptisés (1). Charlemagne les renvoya ensuite en Saxe comblés d'honneurs et de présents, et leur donna à chacun le gouvernement d'un duché.

Ainsi se termina cette longue lutte, qui occupa Charlemagne pendant trente ans. Les conséquences de l'incorporation de la Saxe à la France furent immenses. De cette incorporation datent les premiers pas de la civilisation européenne. « Jusque-« là, en effet, la France occidentale n'avait pas « cessé d'être en proie à l'invasion, à la con-« quête. La fondation du royaume de Clovis au

____

(1) Witikind vécut si chrétiennement depuis, que quelques-uns l'ont mis au nombre des saints. (MÉZERAI.)

« cœur de la Gaule avait suspendu ou ralenti ce
« mouvement, mais sans le terminer. D'Aix-la-
« Chapelle, de Worms, de Paderborn, Charle-
« magne fut en mesure non-seulement de re-
« pousser les incursions des Germains, mais de
« conquérir à leur tour ces conquérants de l'Eu-
« rope occidentale (1). » Grâce à cette digue opposée à une inondation d'hommes que l'Europe
subissait depuis quatre siècles, elle cessa d'être le
théâtre des continuelles fluctuations de peuplades
errantes. Les peuples et les gouvernements s'as-
sirent et se fixèrent, et le long enfantement de
l'ordre social moderne put commencer.

Nous avons déjà vu que pendant que Charlemagne guerroyait contre les Saxons, il avait trouvé
le temps de passer en Italie et de soumettre la
Lombardie. Cette campagne ne fut pas la seule
qu'il dut entreprendre de ce côté-là. Une année
s'était à peine écoulée depuis la conquête du
royaume de Didier, que le pape fit savoir à l'empereur que les ducs de Spolète, de Bénévent, de
Clusium et de Frioul avaient résolu de profiter
de son éloignement pour rendre la couronne de
Didier à son fils Adalgise.

A cette nouvelle, reçue au cœur de l'hiver,
Charlemagne quitte Paderborn, et, malgré l'état
affreux des chemins et les rigueurs de la saison,

(1) **M.** Guizot, *Essai sur l'histoire de France.*

il s'avance avec une telle diligence, qu'il franchit les Alpes avant que ses ennemis se doutassent de sa présence. L'empereur ne leur laisse pas le temps de se reconnaître ; il s'empare de la personne du duc de Frioul, le fait décapiter, pardonne au duc de Spolète, qui se hâte de venir implorer son pardon, et retourne à Worms, où il avait convoqué une assemblée générale. Ce fut dans cette assemblée qu'il fit condamner comme coupable de haute trahison Hostrath, comte de Thuringe, qui avait ourdi une vaste conspiration pour l'assassiner. Le comte et ses complices ne durent la vie qu'à l'intercession de l'abbé de Fulde, dont l'abbaye possédait le tombeau de saint Boniface, autour duquel ils s'étaient réfugiés.

Tassillon, duc de Bavière, avait trempé dans le complot tramé contre Charlemagne ; celui-ci lui demanda des explications, et lui enjoignit de venir les donner en personne comme vassal de sa couronne. Tassillon hésitait, quand trois armées qui parurent à la fois sur ses frontières le décidèrent à se soumettre. Il se rendit auprès de l'empereur, le reconnut comme son souverain, lui demanda humblement pardon et donna treize otages, parmi lesquels se trouvait son fils aîné.

Cette soumission forcée ne changea rien aux projets de Tassillon. Il travailla plus activement que jamais à cimenter une alliance avec les Huns et les Avares ; ceux-ci ne demandaient pas mieux que d'amoindrir la puissance de Charlemagne, qui les menaçait tous ; mais Tassillon ne trouva pas les mêmes dispositions dans une partie de ses propres sujets. Quelques gouverneurs de provinces, épouvantés à la seule pensée de s'attaquer à l'empereur, ne virent d'autre moyen de se préserver sûrement de sa colère que de lui révéler les intrigues et les projets du duc.

Tassillon, mandé une seconde fois devant une diète présidée par Charlemagne, essaya vainement de se justifier ; accusé par ses propres officiers, il fut condamné à perdre la tête. L'empereur, toutefois, commua cette peine en une détention perpétuelle dans un cloître. Dès ce moment la Bavière cessa de former un État proprement dit ; elle fut incorporée à la France et divisée en comtés non héréditaires.

Charles, débarrassé de Tassillon, tourna ses armes contre les Avares, qui se trouvaient ses voisins depuis qu'il avait réuni la Bavière à sa couronne, parce qu'eux, de leur côté, s'étaient emparés de la Pannonie inférieure et supérieure. L'ancien empire des Avares avait pour bornes au sud et à l'ouest le Danube et la Theiss, au nord les monts Carpathes, et il s'étendait à l'est jusqu'à l'extrémité orientale de la mer Noire. Les Avares avaient dévasté plutôt que conquis les deux Pannonies, et après en avoir enlevé, dans leurs fréquentes incursions, tout ce qu'ils avaient pu emporter, ils avaient, depuis quelque temps, commencé à s'avancer jusque dans la Bavière, devenue province française.

Ces barbares, de la race des Huns, accumulaient depuis plusieurs siècles, au fond de leurs retraites inaccessibles appelées *rings*, d'immenses trésors, dépouilles opimes, en majeure partie arrachées aux Grecs du Bas-Empire.

Les rings, d'après le moine de Saint-Gall, étaient des retranchements palissadés qui environnaient leurs villages et en défendaient les approches à une très-grande distance. Ces retranchements se composaient d'une rangée de gros pieux profondément fichés en terre ; une haie vive très-épaisse et formée d'arbustes épineux croissait en dehors à leur pied, et une banquette gazonnée régnait derrière eux.

Pour pénétrer dans certains villages il fallait franchir jusqu'à neuf rings concentriques, dont le premier, qui enveloppait les huit autres, se trouvait souvent jusqu'à deux journées de marche du suivant.

Malgré toutes les difficultés qu'il devait nécessairement rencontrer dans un pays si bien fortifié, Charlemagne passa le Danube avec la moitié de son armée et suivit une des rives du fleuve, tandis que l'autre moitié de ses troupes suivait la rive opposée. L'empereur s'était fait accompagner de sa flotte, qui s'avançait entre les deux corps d'armée sans les dépasser et sans rester en arrière.

Les Avares, épouvantés de ce plan de campagne, qui permettait aux Francs de pénétrer au cœur de leur pays sans crainte de se trouver pris entre deux rings, de manquer de vivres et d'être obligés de disséminer leurs forces pour subsister, abandonnèrent leurs premiers retranchements. Ce ne fut qu'à l'endroit où la Raab se jette dans le Danube qu'ils tentèrent d'arrêter Charlemagne; il remporta sur eux une victoire complète, et, sans une épizootie qui enleva tous les chevaux de son armée, il eût en une seule campagne refoulé les Avares dans leurs anciennes limites au delà de la Theiss.

Charles, forcé de revenir sur ses pas, n'eut pas le loisir de recommencer la même expédition l'année suivante; une révolte qui éclata en Saxe, et les complots d'un de ses fils, Pepin le Bossu, l'occupèrent ailleurs. Pendant qu'il faisait rentrer les Saxons dans le devoir, et renfermait Pepin dans un cloître, Henri, duc de Frioul, s'avança dans le pays des Avares, les battit en plusieurs rencontres et emporta un de leurs principaux villages, où il trouva des richesses incalculables. Pepin, fils de Charlemagne et roi d'Italie, acheva la conquête des deux Pannonies, dont il chassa définitivement les Avares après en avoir fait un affreux carnage.

A peu près vers la même époque, le pape Léon III, successeur d'Adrien, vint trouver Charlemagne à Paderborn, pour implorer son appui contre les neveux de son prédécesseur, qui l'avaient fort maltraité et même emprisonné à Rome. Charles reçut le saint-père avec tout le respect qui lui était dû, et le renvoya en Italie sous une bonne escorte. Bientôt il y vint en personne, fournit au pape les moyens de se justifier des crimes que ses ennemis lui reprochaient, et punit les calomniateurs par un exil perpétuel.

Peu de temps après, Charles s'étant rendu à la basilique de Saint-Pierre pour y faire ses dévotions, le jour de Noël, le pape s'approcha du monarque agenouillé sur les marches de l'autel et lui ceignit le front d'une couronne impériale. Aussitôt l'église retentit des cris de : « Vive Charlemagne ! vive l'empereur d'Occident ! » Le souverain pontife se prosterna le premier devant le nouvel empereur et lui baisa la main droite, pendant que le chœur chantait l'antienne composée pour le couronnement des empereurs romains.

Jamais prince n'avait, au fond, mieux mérité le titre que le pape et le peuple venaient de lui conférer. Son empire embrassait la presque totalité de l'Europe : au sud, il s'étendait au delà de la chaîne des Pyrénées, s'appuyait sur la Méditerranée et plongeait en Italie jusqu'à la principauté de Bénévent ; au nord, il était borné par la mer Germanique, les frontières du Danemark et la mer Baltique; à l'est il longeait la mer Adriatique, la Theiss et l'Oder. Ce n'était donc pas un vain titre que le souverain pontife conférait à Charlemagne, mais un titre qui constatait et sanctionnait un fait accompli.

A partir de ce jour, Charlemagne n'eut plus besoin d'entreprendre en personne aucune expédition. Ses lieutenants lui suffirent pour contenir dans l'obéissance la multitude des provinces qui composaient son vaste empire, et pour repousser les invasions des Danois et des Sarrasins.

Charlemagne avait depuis longtemps partagé ses États entre ses trois fils légitimes. La mort prématurée des deux aînés l'engagea à faire reconnaître pour son seul héritier le plus jeune de ses fils, qu'il couronna de ses propres mains dans l'église d'Aix-la-Chapelle. Il passa les dernières années de sa vie dans cette ville, « où il s'adonnait, dit l'historien Mézerai, à de douces occupations; il ornait son palais de quantité de bâtiments, de colonnes de marbre et de jaspe qu'il faisait apporter d'Italie, de riches dorures et de peintures exquises. Dans une salle il avait fait représenter son expédition d'Espagne, et dans une autre les sept arts libéraux. A ses heures de loisir il s'adonnait à la lecture et à la correction des exemplaires de la sainte Bible; il composait en vers et en prose, et recherchait des livres de tous les côtés pour composer sa bibliothèque; il employait les moines à transcrire les meilleurs; les religieuses mêmes n'étaient pas exemptes de ce travail. Il avait des compagnies de ces écrivains dans son palais et dans les écoles publiques, qui embellissaient les livres de miniatures et de dorures afin de donner goût et curiosité aux plus négligents de les voir et de les lire. Il fit rédiger par écrit toutes les lois et les coutumes des nations qui étaient sous son empire; il dressa des capitulaires ou ordonnances; il recueillit tous les vers qui contenaient les beaux faits des Français, pour servir de mémoires à leur histoire, qu'il se proposait de composer. Il entendait si bien la théologie, qu'il écrivit lui-même contre l'hérésie de Félix d'Urgel, touchant la question des images; il haranguait dans les assemblées, et n'avait pas moins de gloire à faire triompher son éloquence que ses armes. Durant les nuits sereines il se plaisait à étudier le ciel et les astres; nous en avons de belles et curieuses observations dans ses annales, qu'il a dressées lui-même, ou dont il a fourni les matériaux. Pour illustrer sa langue maternelle, qui était la tudesque, il la réduisit sous des règles, en composa la grammaire, et donna des noms à tous les mois de l'année, en cette langue, comme aussi aux vents, tels à peu près ainsi qu'ils les gardent encore aujourd'hui. »

Ce passage, que nous avons cité malgré sa longueur, nous montre Charlemagne sous un aspect tout différent de celui sous lequel il s'est offert à nous jusqu'ici.

Charles, en effet, ne fut pas seulement un grand guerrier, mais l'homme le moins *barbare* de son époque. Le premier il s'éleva aux idées de gouvernement, de nation, de loi, d'ordre public (1); le premier, le seul peut-être parmi ses contemporains, il comprit les devoirs et la mission d'un roi. Jusqu'à lui ses prédécesseurs n'avaient tourné leurs forces et leur activité que vers un seul but : l'augmentation de leurs richesses et de leur puissance, afin de pouvoir satisfaire le plus largement possible leurs passions et leurs caprices ; aucun d'eux ne s'était douté qu'une couronne imposât des devoirs, et que celui qui la portait avait charge de corps et d'âmes : Charles, au contraire, « gouverna ses sujets pour eux-mêmes et non pour lui seul, d'après des vues générales, avec des intentions publiques, préoccupé de besoins sociaux... C'est là ce qui, du ve au xiiie siècle, fait de Charlemagne un homme unique et immense; au milieu de la barbarie universelle il n'appartenait qu'au plus noble génie de concevoir ainsi la royauté hors de l'égoïsme, et de considérer la société, non comme

_____

(1) M. Guizot.

la proie de la force, mais comme le but du pouvoir (1). »

N'est-ce pas un magnifique spectacle que celui de cet homme de génie, combattant à la fois la barbarie au dedans et au dehors, avec son épée, avec ses capitulaires, avec les lettres et les arts?

Comme auxiliaires naturels de l'œuvre qu'il avait entreprise, il s'efforçait d'attirer près de lui les hommes renommés de tous les pays, par leur science ou leur capacité; il fonda dans son palais même une académie et s'honora de compter parmi ses membres. Son activité était telle qu'au milieu du tumulte des armes et des soins que réclamait l'administration de son empire, il trouvait moyen de consacrer tous les jours quelques heures à l'étude. Il était déjà vieux quand il parvint à écrire, et pour l'apprendre il portait habituellement sur lui des tablettes sur lesquelles il traçait des lettres dès qu'il trouvait un instant de loisir; s'il se réveillait la nuit, il se livrait à cette occupation.

Son secrétaire, l'historien Éginhard, dit que, outre la langue tudesque, qui était sa langue maternelle, il parlait le roman, le latin, et comprenait assez bien le grec pour corriger des manuscrits.

Non content de fonder des écoles publiques,

(1) M. Guizot.

Charlemagne surveillait leur tenue et examinait lui-même les écoliers pour juger de leurs progrès. L'anecdote suivante, extraite de la Chronique du moine de Saint-Gall, nous donnera une idée de l'importance qu'il attachait à ces établissements.

« Lorsque Charlemagne commença à régner seul en Occident, l'étude des lettres était partout presque entièrement oubliée. Il arriva que deux Irlandais, hommes très-versés dans les sciences profanes et dans les saintes Écritures, vinrent d'Hibernie en Gaule avec des marchands bretons; ils ne montraient aucune marchandise à ceux qui venaient leur demander ce qu'ils vendaient, afin d'en acheter; mais ils disaient : « Si quelqu'un a envie de sagesse, qu'il vienne et en reçoive de nous, car c'est là ce que nous vendons. » Ils disaient qu'ils vendaient la sagesse, parce que le peuple se souciait peu des choses gratuites et recherchait celles qu'il fallait payer. Ils voulaient ainsi engager les gens à acheter la sagesse, ou bien peut-être avaient-ils dessein, comme la suite l'indique, d'exciter par ce langage la curiosité et l'étonnement. Enfin, ils répétèrent si souvent ces paroles, que des hommes qui s'en étonnaient et regardaient ces étrangers comme fous, les portèrent aux oreilles du roi Charles, toujours curieux de la sagesse et des savants. Charles les fit venir en toute hâte en sa présence, et leur demanda s'il était vrai, comme ils le disaient, qu'ils apportassent avec eux la sagesse. « Oui, dirent-ils, nous la possédons, et nous sommes prêts à la donner à ceux qui la demanderont avec respect et au nom de Dieu. » Le roi ayant voulu savoir quel prix ils y mettaient : « Nous ne voulons, dirent-ils, qu'un lieu convenable, des âmes bien disposées, et des choses sans lesquelles nous ne pouvons vivre, des aliments et de quoi nous vêtir. » Le roi, plein de contentement, les garda l'un et l'autre quelque temps près de lui. Partant ensuite pour des expéditions militaires, il ordonna à l'un d'eux, qui se nommait Clément, de rester en Gaule, lui confia pour les instruire beaucoup de jeunes gens, les uns de famille illustre, les autres de condition moyenne, les autres de condition inférieure, et leur fit fournir, selon leurs besoins, des vivres et une habitation commode.

« Charles victorieux, étant revenu dans les Gaules au bout d'un long temps, ordonna que les jeunes gens confiés à Clément vinssent devant lui et lui apportassent leurs lettres et leurs cahiers d'études. Les jeunes gens de condition moyenne et inférieure lui offrirent des travaux bien faits et ornés de toutes les beautés de la science ; mais les jeunes gens de famille illustre ne présentèrent que des travaux imparfaits et qui se ressentaient de leur indolente oisiveté. Alors le sage roi, imitant la justice du souverain juge, fit passer à sa droite ceux qui avaient bien travaillé, et leur dit : « Je vous remercie, mes enfants, car vous avez accompli mes ordres et fait votre devoir autant qu'il était en vous : maintenant efforcez-vous d'atteindre à la perfection, et je vous donnerai de riches monastères et des évêchés, et vous serez toujours en honneur à mes yeux. » Se tournant ensuite vers ceux qui étaient à sa gauche, et réveillant leur conscience par le feu de ses regards, il leur adressa ironiquement et avec l'éclat de la foudre ces terribles paroles : « Vous jeunes illustres, vous fils des grands, vous qui êtes élégants et délicats, vous vous êtes confiés en votre naissance et en vos richesses, vous avez négligé mes ordres et votre sanctification : vous vous êtes livrés au jeu, à la paresse et à de vains exercices. » Et aussitôt, avec son serment ordinaire, élevant vers le ciel sa tête et sa main : « Par le Roi des cieux, dit-il, je ne fais pas grand cas de votre noblesse et de votre élégance, quoique les autres vous admirent; et sachez bien que si vous ne réparez votre négligence par un travail assidu, vous n'obtiendrez jamais de Charles rien de bon (1). »

Cet homme extraordinaire expira dans sa

(1) Chronique du IXe siècle, par le moine de Saint-Gall, traduction de la collection des *Mémoires de l'histoire de France*.

soixantième année selon Mézerai, dans sa soixante – douzième selon d'autres historiens, dans son palais d'Aix - la - Chapelle, en 814. La veille de sa mort il avait encore corrigé, de concert avec des savants grecs et syriens, un manuscrit contenant les Évangiles de saint Luc, de saint Marc et de saint Matthieu. Il fut inhumé dans l'église d'Aix-la-Chapelle, dont il avait dirigé lui-même la construction. Au-dessus de son tombeau s'élevait un arc de triomphe surmonté de sa statue. Son épitaphe ne contenait que ces mots : *Ci-repose Charles Ier, qui a noblement agrandi et heureusement gouverné le royaume de France.*

Pascal III fit canoniser Charlemagne à la requête de l'empereur Barberousse. Quoique Pascal ait été plus tard considéré comme ayant usurpé la tiare, aucun pape légitime n'ayant rapporté le décret de canonisation, plusieurs diocèses honorent sa mémoire, même à l'étranger. Louis XI ordonna que sa fête serait chômée le jour de son décès, et l'ancienne université de Paris le choisit pour son patron.

Nous terminerons cette courte notice par une seule réflexion. La décomposition, l'anarchie, les déchirements dans lesquels tomba la France aussitôt après la mort de Charlemagne, prouvent de la manière la plus éclatante la fécondité et la puissance de son génie. Il avait trouvé la France en proie « au combat désordonné des forces in-

« dividuelles, qui ne permettaient l'exercice un
« peu régulier, ni l'établissement un peu durable
« d'aucun droit ni d'aucun pouvoir (1). » Il osa
entreprendre de porter la main dans ce chaos ; il
mit chaque chose à sa place, et, courbant sous sa
volonté de fer toutes les puissances hostiles qui
s'agitaient tumultueusement, il les força à con-
verger vers lui et à devenir les instruments dociles
d'un gouvernement régulier.

Mais comme le principe d'ordre et d'unité n'était
qu'en lui et en lui seul ; comme lui seul comprenait le mécanisme gouvernemental créé par lui ;
comme il était le soleil de ce monde, et que tout
ce qui brillait autour de lui n'avait point de lumière
qui lui fût propre, quand Charlemagne s'éteignit,
tout rentra dans les ténèbres et tout se détraqua à
la fois ; car la force centrale qui maintenait dans
leurs limites les forces secondaires et régularisait
leur action, venant à manquer, elles recommen-
cèrent à s'entre-choquer. Les quarante années de
gouvernement régulier dont jouit la France pendant la fin du VIIIe et le commencement du
IXe siècle, furent donc l'œuvre d'un homme seul :
rien ne montre mieux l'immensité de cette œuvre
individuelle que le chaos au milieu duquel elle
s'éleva et le chaos qui la suivit.

(1) M. Guizot.

GUILLAUME LE CONQUÉRANT

Guillaume, fils de Robert, duc de Normandie, n'avait encore que sept ans lorsque son père entreprit un pèlerinage à Jérusalem pour la rémission de ses péchés. Les Normands représentèrent à leur duc qu'ils ne pouvaient demeurer sans chef en son absence; Robert, qui n'avait pas d'enfants légitimes, leur proposa de nommer Guillaume pour son successeur. Les Normands firent selon les désirs du duc, et prêtèrent serment de fidélité à Guillaume.

Ce choix déplut à quelques seigneurs qui avaient des prétentions secrètes sur ce duché; ils dirent bautement qu'ils ne voulaient pas reconnaître pour leur chef futur le fils d'une marchande de cuirs de Falaise (1). Il s'ensuivit des démêlés sanglants, dans lesquels les armes de Guillaume se trouvèrent les plus fortes, grâce à l'appui du roi de France.

Guillaume, naturellement brave et vigoureux, devint bientôt l'idole de ses partisans. A dix-huit ans il fit ses premières armes contre les Angevins et les Bretons; personne ne frappait aussi fort que lui, dit un chroniqueur. Rusé, ambitieux, vindicatif à l'excès, il savait se faire pardonner ses vices par ses amis, parce qu'il ne les faisait sentir qu'à ses ennemis. Il n'y avait qu'un point sur lequel il n'entendait pas raillerie : c'était à propos de son extraction; il se vengeait cruellement de ceux qui touchaient à cette corde sensible, et commit un jour une barbarie qui peint l'homme et le temps. Au siége d'Alençon, les habitants de cette ville eurent l'imprudence de crier, en voyant Guillaume paraître au pied de leurs remparts : *La peau! la peau! à la peau!* Le jeune duc, outré de dépit, fit aussitôt couper les pieds et les mains de tous ses prisonniers et lancer ces débris sanglants dans la ville.

Dix ans avant d'entreprendre la conquête de

______

(1) La mère de Guillaume était effectivement la fille d'une marchande de peaux de Falaise.

l'Angleterre, Guillaume y fit un voyage et alla visiter le roi Édouard, qui y régnait. Édouard l'accueillit magnifiquement, le combla de présents, et dès ce moment le duc de Normandie nourrit le projet de lui succéder.

Édouard étant mort sans enfants, trois compétiteurs se présentèrent pour disputer son héritage. Edgard, petit-fils du roi Edmond, dont les droits étaient incontestables, fut d'abord exclu à cause de sa jeunesse; ce prince d'ailleurs ne se trouvait pas de force à lutter avec des rivaux tels que Guillaume et Harold, fils de Godwin, un des plus puissants seigneurs de toute l'Angleterre.

Nous savons ce qu'était Guillaume, et, sans raconter l'histoire de son compétiteur, il est indispensable, pour l'intelligence des faits qui vont suivre, de dire quelques mots des relations qui avaient précédemment existé entre Guillaume et Harold.

La puissance et la popularité de Godwin, père de ce dernier, et plus encore ses démêlés avec son souverain, avaient amené le roi Édouard à lui demander des otages. Après la mort de Godwin, ces otages n'ayant pas été rendus, Harold demanda au monarque la permission d'aller les chercher en Normandie, où ils étaient; car Édouard les avait confiés au duc de Normandie, les croyant plus en sûreté sur le continent que dans son propre royaume.

6

Édouard lui accorda sa demande, et Harold partit ; mais le vaisseau qui le portait, battu par la tempête, fut jeté sur les côtes de la Picardie. Là, au lieu de trouver aide et protection, il se vit, selon l'usage barbare du pays, retenu comme prisonnier et mis à rançon.

Harold, pour se tirer indemne de cette affaire, déclara qu'il était envoyé en ambassade par le roi d'Angleterre, et qu'il se rendait auprès du duc de Normandie, dont il réclama l'intervention. Guillaume obtint en effet son élargissement, et Harold vint à Rouen.

Il est bon de savoir que Harold était le chef de la ligue nationale qui avait forcé Édouard de bannir d'Angleterre une foule de seigneurs normands, imprudemment attirés par ce prince, et dont la puissance et le crédit portaient un légitime ombrage aux Saxons, qui craignaient, avec raison, l'humeur conquérante de leurs voisins d'outre - Manche.

Guillaume fut ravi de voir en son pouvoir l'homme qui lui semblait le plus grand obstacle à l'exécution de ses rêves ambitieux. Il accueillit Harold avec une cordialité parfaitement jouée ; il le fit chevalier, et lui proposa de l'accompagner dans une expédition contre les Bretons. Pendant toute cette campagne il le traita sur le pied d'une égalité parfaite, et ils n'eurent qu'un lit et qu'une table, dit un chroniqueur.

Un jour qu'ils chevauchaient côte à côte, Guillaume s'ouvrit brusquement avec Harold sur ses prétentions au trône d'Angleterre après la mort d'Édouard. Le Saxon, pris au dépourvu, et craignant d'être retenu prisonnier s'il n'entrait pas dans les vues du duc, lui promit tout ce qu'il voulut.

Il croyait en être quitte pour une simple promesse ; mais bientôt Guillaume convoque une assemblée à Avranches, et fait placer sous la table de la chambre du conseil une cuve remplie de toutes les reliques qu'il peut se procurer dans les églises des environs.

Quand l'heure de la réunion fut arrivée, Guillaume, qui n'avait prévenu qu'un petit nombre de ses favoris du motif de la convocation, monta sur son siége de cérémonie, et de là, une épée nue à la main, il s'écria, en s'adressant directement à Harold, confondu parmi la foule des seigneurs normands : « Harold, je te requiers, devant cette noble assemblée, de me confirmer par serment les promesses que tu m'as faites de m'aider à obtenir le royaume d'Angleterre après la mort du roi Édouard, d'épouser ma fille Adèle, et de m'envoyer ta sœur pour que je la marie à l'un des miens. »

Harold, pris au dépourvu, s'approcha du missel avec un air de trouble, étendit la main dessus, et jura d'exécuter selon son pouvoir ses conventions avec le duc, pourvu qu'il vécût et que Dieu l'aidât. Toute l'assemblée répéta : *Que Dieu l'aide!* Aussitôt Guillaume fit un signe, le livre fut ôté, le tapis qui masquait la cuve fut enlevé, et l'on découvrit les ossements sur lesquels le fils de Godwin avait juré à son insu (1).

Telles avaient été les relations de Harold avec Guillaume, lorsque la mort d'Édouard mit ces deux rivaux en présence.

Harold, élevé à la cour d'Édouard, jouissant d'une immense popularité, éprouva d'autant moins de peine à se faire déclarer et sacrer roi, à l'exclusion de Guillaume, dont les seigneurs saxons redoutaient le caractère altier et dominateur, et qu'ils détestaient en sa qualité d'étranger, qu'Édouard, en mourant, avait positivement désigné le fils de Godwin comme l'homme le plus digne de lui succéder.

Guillaume n'eut pas plutôt appris que Harold était monté sur le trône, qu'il lui envoya des ambassadeurs pour lui rappeler sa parole et le sommer de la tenir. Harold répondit aux envoyés que sa parole était nulle et non avenue, parce qu'il ne l'avait pas donnée librement, et qu'il n'avait pas le droit de renoncer à une couronne que le peuple et les grands du royaume lui avaient décernée

(1) Augustin Thierry, *Histoire de la conquête de l'Angleterre*, t. I, p. 263.

d'une voix unanime ; que du reste il ne demandait pas mieux que de rendre au duc de Normandie tous les services qu'il pouvait espérer d'un ami et d'un bon voisin.

Guillaume dissimula son ressentiment, et comme il lui fallait du temps pour se mettre en mesure de passer en Angleterre, il prit le parti de feindre une grande modération, afin de ne pas effrayer Harold et d'endormir sa prudence.

Il renvoya donc une nouvelle ambassade chargée d'offrir au roi d'Angleterre de garder sa couronne, à condition qu'il épouserait sa fille, et reconnaîtrait qu'il tenait son royaume de lui, Guillaume, duc de Normandie. Harold crut que le duc ne se contentait d'une alliance matrimoniale et d'un vain hommage que parce qu'il reconnaissait la difficulté de descendre en Angleterre avec une armée suffisante, et reculait devant les chances d'une pareille entreprise. Il répondit donc aux députés qu'il ne se souciait nullement de devenir le gendre de leur maître, et encore moins de se constituer son vassal.

Cette fière réponse prouva clairement au duc que la force des armes déciderait seule la querelle, et il s'occupa aussitôt des armements de toute espèce qu'exigeait une guerre d'invasion dans un pays entouré de tous côtés par la mer.

Guillaume possédait au plus haut degré les qualités qui font un conquérant ; il aimait la guerre et les grandes entreprises. Tous les moyens lui étaient bons pour arriver à ses fins, les ruses de la diplomatie comme la force ouverte. Doué d'une pénétration profonde, connaissant bien les hommes et les choses, aussi bon capitaine que bon soldat, il était supérieur à son rival; mais Harold possédait sur Guillaume l'immense avantage d'être en Angleterre, et d'avoir la Manche entre son compétiteur et lui.

Le duc, ayant bientôt compris qu'il lui faudrait du temps pour se procurer des vaisseaux, les équiper, lever des troupes, ramasser des vivres et de l'argent, ne voulut pas qu'Harold n'eût autre chose à faire qu'à se préparer à le bien recevoir. Guillaume avait épousé la sœur de la femme de Thoston, frère du roi d'Angleterre; il usa de l'influence que lui donnaient les liens de parenté pour exciter Thoston, son beau-frère, déjà fort irrité contre Harold, parce qu'il n'avait pas consenti à partager avec lui son nouveau royaume, et pour le pousser à revendiquer, les armes à la main, une part de l'héritage d'Édouard.

Thoston opéra en effet une descente en Angleterre avec des troupes et des vaisseaux que lui avait fournis Baudouin, comte de Flandre, son beau-père. Il remporta d'abord quelques avantages; mais, battu sur terre et sur mer, il fut bientôt forcé de se réfugier en Écosse. Cet échec toutefois ne l'abattit pas; il fit tout ce qu'il put pour engager le roi d'Écosse à lui donner du secours, et, n'ayant pas réussi à l'y déterminer, il passa dans la Norwége, qui était alors gouvernée par un prince ardent et ambitieux.

Il fut beaucoup plus heureux auprès de ce monarque qu'il ne l'avait été en Écosse. Le Norwégien se laissa éblouir par la promesse d'une facile victoire, équipa une flotte, en prit lui-même le commandement et fit voile pour l'Angleterre. Il débarqua dans le Northumberland, repoussa toutes les forces envoyées à sa rencontre, ravagea le pays, s'empara de la ville d'York, et croyait déjà parvenir à Londres sans coup férir, quand Harold l'attaqua inopinément dans son camp, qu'il emporta, fit un carnage affreux de ses troupes et les poursuivit jusque dans leurs vaisseaux, qui tombèrent en son pouvoir. Thoston et le roi de Norwége étant restés sur le champ de bataille parmi les morts, Harold rendit la liberté au fils de ce dernier et lui permit de s'en retourner dans son pays avec ses compagnons, se contentant de lui faire jurer qu'il n'entreprendrait plus rien contre l'Angleterre.

Quoique la tentative de Thoston n'eût pas eu le succès que Guillaume en espérait, elle avait toutefois atteint en partie le but qu'il se proposait, celui de détourner l'attention d'Harold.

Pendant que le roi d'Angleterre repoussait

Thoston et les Norwégiens, Guillaume avait eu besoin de toutes les ressources de son esprit pour se procurer des vaisseaux, des hommes et de l'argent. Il avait commencé par convoquer une assemblée générale de tous ses grands vassaux, auxquels il avait exposé la justice de ses prétentions, la gloire de son entreprise, les avantages qui en résulteraient pour eux, et fini par leur demander des secours d'hommes et d'argent; « mais n'ayant pu en tirer que de belles protestations et point d'effets, le rusé Normand pensa que les particuliers n'étant ni si forts, ni si opiniâtres qu'un corps assemblé, il en aurait plus facilement raison qu'il n'avait eu des états. Pour cet effet, les appelant subtilement chez lui l'un après l'autre, il les flattait, les priait, et enfin les conjurait de l'aider en l'état pressant de ses affaires. De cette sorte, tel qui n'eût donné qu'à regret et par force un écu, apportait à la bonne parole de son prince son crédit, ses meubles, engageait ses terres et faisait enrôler tous ses enfants (1). »

Outre les ressources qu'il trouva dans son duché, Guillaume écrivit de tous côtés, conviant tous ceux qui se sentaient du cœur à se joindre à lui pour conquérir un beau royaume, où il leur taillerait en plein drap des seigneuries et de ma-

_____

(1) Mézerai.

gnifiques domaines. Il ne leur eût pas fait de plus belles promesses, dit un vieil historien, s'il eût eu le monde entier à partager.

Les comtes de Poitou et de Boulogne, le duc de Bretagne, le comte d'Anjou, le vicomte de Thouars, séduits par une si magnifique perspective, vinrent en personne se joindre à Guillaume et lui amenèrent l'élite de leurs gens d'armes. Philippe, roi de France, fut le seul qui lui refusa son concours; ce prince ne croyait pas qu'il était d'une sage politique de contribuer à l'agrandissement d'un vassal déjà trop puissant pour ne pas donner beaucoup de tablature à son souverain.

Quand Guillaume eut fort avancé ses préparatifs, soit par principe de religion, soit par politique, il envoya des ambassadeurs au pape Alexandre II pour le supplier de favoriser son dessein. Non-seulement le pontife reconnut la justice des droits que le duc faisait valoir, mais il lui fit remettre un anneau d'or, une bannière bénite et une bulle d'investiture.

Harold, que la lenteur des armements de son compétiteur rassurait de plus en plus, avait fini par s'endormir dans une telle sécurité, qu'il apprit en même temps le départ de Guillaume et son débarquement à Pevensey, dans le comté de Sussex.

Les historiens ne sont d'accord ni sur le nombre

des vaisseaux qui composaient la flotte normande, ni sur celui des matelots et soldats qui la montaient. Mézerai parle de huit cent quatre-vingts gros vaisseaux sans compter les barques et les nacelles, et de cent mille hommes; mais il avoue lui-même que cette évaluation lui semble exagérée.

Guillaume, en mettant pied à terre, fit un faux pas et tomba sur les deux mains; craignant que les esprits faibles et superstitieux ne tirassent de sa chute un fâcheux augure, il eut la présence d'esprit de s'écrier avant de se relever : « Je prends à deux mains possession de l'Angleterre, elle est à moi! »

Il fit précéder le commencement des hostilités par la publication d'un manifeste, dans lequel exposant ses droits à la couronne d'Angleterre, il protestait qu'il ne venait pas en ennemi, mais pour prendre possession d'un bien qui lui appartenait, et qu'un usurpateur lui avait injustement ravi. Il envoya ensuite à Harold un ambassadeur, pour lui demander encore une fois son bien, et pour lui proposer, en cas de refus, de vider leur différend par un combat singulier.

Harold reçut fort mal l'ambassadeur, et, grâce à son activité et à sa décision ordinaire, il se vit bientôt en état de défendre vigoureusement sa couronne menacée.

Les deux armées se rencontrèrent non loin du

bourg d'Hastings. Voici comment un ancien historien raconte cette sanglante bataille, qui décida du sort de l'Angleterre.

« Guillaume, ayant rangé ses escadrons et fait déployer l'étendard que le pape lui avait envoyé avec un cheveu de saint Pierre pour bénir son entreprise, l'armée poussa de grands cris de joie. Un des plus illustres chevaliers, comme c'était la coutume parmi les Normands, s'avança à la tête, et chanta la chanson de Roland et des paladins qui moururent à Roncevaux, pour encourager les soldats à les imiter, puis alla donner les premiers coups. Alors l'avant-garde s'étant avancée, les Normands couvrirent le ciel d'une multitude de flèches qui incommodèrent beaucoup les Anglais. En revanche ils furent peu après repoussés avec grand carnage; puis une autre fois, reprenant cœur et tenant leurs rangs serrés, soutinrent l'ardeur des Anglais sans qu'il y eût notable avantage de part et d'autre. Mais sur un faux bruit que Guillaume était mort, les siens lâchèrent pied presque en désordre, et eussent tourné le dos, si un bataillon d'élite ne les eût rassemblés et arrêté l'effort des Anglais. Le duc, pour se faire connaître et pour animer ses gens, haussa la visière de son casque et éleva la voix. Alors, comme s'il les eût embrasés d'un feu inconnu, ils s'élancèrent de telle furie qu'ils enfoncèrent les premiers rangs.

« De l'autre côté, Harold, volant d'escadron en

escadron, combattait lui seul avec tous les siens contre les ennemis. Déjà le jour finissait sans que le combat fût décidé. Guillaume, ajoutant la ruse à la valeur, commanda à ses gens de reculer en doublant le pas; ce stratagème lui réussit. Les Anglais, prenant cette manœuvre pour une fuite, rompirent leurs rangs, qu'ils avaient tenus très-serrés et inébranlables jusque-là, et les poursuivirent en désordre. Mais les Normands, tournant visage fort à propos, les chargèrent dans cet état, et les repoussèrent plus vite qu'ils n'en avaient été suivis. Même vingt chevaliers normands, s'étant détachés de compagnie, se jetèrent au travers du plus fort escadron et abattirent la bannière royale.

« A ce coup les Anglais, comme si toutes leurs espérances eussent été perdues, tournèrent le dos et s'enfuirent. Harold, estimant chose indigne d'un prince de survivre à la perte de ses États, se précipita dans la mêlée et mourut percé d'une flèche qui lui traversa l'œil. »

Plus de six mille Anglais restèrent sur la place, et ce qui échappa au vainqueur prit la fuite avec les comtes Édouin et Morcar, qui portèrent à Londres la nouvelle de la mort du roi et de la dispersion de son armée.

Guillaume coucha sur le champ de bataille après avoir solennellement rendu grâces à Dieu de la victoire, et dès le lendemain il prit le chemin de

Londres avec son armée, qui pilla et saccagea tout sur son passage.

Pendant que Guillaume s'avançait vers la capitale, il régnait dans la ville une confusion extrême. Les uns voulaient qu'on élût un roi et proposaient Edgard, qui avait, ainsi que nous l'avons dit plus haut, des droits incontestables à la couronne d'Angleterre. Édouin et Morcar cabalaient pour leur propre compte, mais opinaient comme les partisans d'Edgard pour une résistance désespérée.

Malhéureusement, ces intrépides défenseurs de la nationalité saxonne voyaient, à mesure que le duc de Normandie s'approchait, leurs plus chauds partisans passer dans le camp de ceux qui n'attendaient que le moment d'aller au-devant de Guillaume et de le reconnaître pour leur légitime souverain.

Quand Edgard et les deux comtes se trouvèrent presque seuls de leur avis, ils prirent bravement leur parti et s'exécutèrent de bonne grâce. Ils se rendirent tous les trois, accompagnés de plusieurs prélats, à Berkhamsted, et là, les premiers, ils saluèrent Guillaume comme leur roi.

Le duc de Normandie fit son entrée solennelle à Londres au milieu des acclamations populaires, et remit à la fête de Noël la cérémonie de son couronnement. Ce fut Alfred, archevêque d'York, qu'il choisit pour officier ce jour-là, quoique l'honneur de sacrer les rois d'Angleterre fît partie des prérogatives de l'archevêque de Cantorbery. Mais Guillaume craignit de mécontenter le pape en se faisant couronner par Stigand, qui occupait alors le siége de Cantorbery sans le consentement de la cour pontificale.

Le nouveau roi n'eut pas plutôt pris possession de la couronne, qu'il se vit obligé de la défendre contre les attaques de ses sujets, jaloux de leur indépendance et fort capables de la ressaisir ; car en définitive les Anglo-Saxons n'avaient perdu qu'une grande bataille, et ils revinrent vite de l'étonnement et de l'irrésolution dans lesquels la victoire d'Hastings les avait plongés.

Bientôt, en effet, les villes d'York et d'Oxford fermèrent leurs portes aux Normands, et Guillaume fut obligé d'en entreprendre le siége. La rigueur avec laquelle il traita les soldats et les habitants de ces deux cités quand il s'en fut rendu maître, effraya les autres villes qui avaient suivi leur exemple, et toutes se rendirent sans résistance. Guillaume se croyait déjà paisible possesseur de l'Angleterre, quand il apprit qu'Édouin et Morcar, accompagnés du comte de Northumberland, s'étaient enfuis en Écosse, où Edgard vint bientôt les rejoindre avec sa mère et ses sœurs. Malcolm, qui régnait en Écosse, s'éprit de l'une des sœurs d'Edgard et l'épousa.

Cette alliance acheva de mettre Malcolm dans

les intérêts du parti saxon, et les réfugiés n'eurent pas grand'peine à le décider à faire la guerre à Guillaume. Mais celui-ci repoussa les Écossais avec des pertes considérables, et leur ôta pour longtemps l'envie de se mêler de ses affaires.

La facilité avec laquelle Guillaume était parvenu à ruiner les espérances des seigneurs réfugiés à la cour de Malcolm, inspira une telle sécurité au nouveau monarque, qu'il se crut assez bien affermi pour entreprendre un voyage en Normandie. Il y porta des trésors immenses, ce qui refroidit singulièrement les Anglo-Saxons, qui, en général, ne lui avaient pas été hostiles jusque-là. Mais cette spoliation leur prouva que, malgré ses belles paroles, Guillaume les traitait en peuple conquis, et dès ce moment commença entre les deux nationalités normande et saxonne une lutte qui amena tantôt des émeutes et des révoltes, tantôt de sourdes menées. Un fait assez remarquable se produisit en outre : c'est que d'une part les seigneurs saxons, fort peu unis entre eux avant la conquête, se rallièrent pour résister à la domination étrangère, et que dès ce moment la race saxonne n'eut plus qu'un même sentiment, qu'un même intérêt, qu'un même dessein. Les Normands, campés au milieu d'un peuple ennemi, sentirent également le besoin de demeurer fortement unis; et c'est un étrange spectacle que de voir ces fiers barons normands, si jaloux de leur indépendance, si disposés à s'isoler pour ne pas sentir la main d'une autorité supérieure, se concerter avec leur roi, se serrer autour de lui, se soutenir mutuellement et marcher de concert vers un but commun.

A son retour en Angleterre, Guillaume trouva le pays bouleversé. Les capitaines qu'il avait laissés s'étaient permis tant d'exactions et tant d'injustices, que les Anglo-Saxons avaient en plus d'une rencontre pris les armes et remporté des avantages marqués sur leurs oppresseurs. Guillaume, qui jusque-là s'était piqué de gouverner ses nouveaux sujets aussi paternellement que le roi Édouard son prédécesseur, changea complétement de système, et résolut de se faire craindre, puisqu'il ne savait pas se faire aimer. Pour affermir son autorité et donner aux Normands une supériorité décidée sur les Anglo-Saxons, chaque mutinerie, chaque révolte devint pour lui la cause ou le prétexte de spoliations qui prirent des proportions énormes. Dès qu'il avait à se plaindre d'un seigneur anglo-saxon, il confisquait ses terres et les donnait à un de ses Normands qui l'avaient suivi en Angleterre; ces donations furent l'origine de la puissance et de la richesse d'une foule de maisons considérables qui subsistent encore en Angleterre, et dont le nom rappelle évidemment une origine française.

« La répartition des terres entre les vainqueurs, dit M. Guizot, et la distribution des domaines royaux à titre de fiefs, ne furent point l'œuvre de violences fortuites. Guillaume y procéda par mesures générales, avec art et de manière à assurer l'empire des Normands sur les Saxons, du pouvoir royal sur les Normands. Près de six cents vassaux ne tardèrent pas à lui jurer foi et hommage, et pour prévenir l'indépendance de ceux mêmes qu'il enrichit le plus, il eut soin de disperser leurs domaines dans des comtés différents. Le territoire fut divisé en soixante mille deux cent quinze fiefs de chevaliers, qui tous prêtèrent serment de fidélité au roi. Enfin la statistique des fiefs, commencée en 1081 par les ordres de Guillaume et finie en 1086, atteste encore aujourd'hui avec quelle régularité et quelle cohésion l'aristocratie normande fut constituée en Angleterre, vingt années après son établissement. »

Non content de ces spoliations complètes et définitives qui frappaient l'aristocratie saxonne au cœur, Guillaume décida que tous les propriétaires, quelle que fût leur nationalité, lui feraient hommage de leurs terres et lui paieraient une redevance annuelle. .

Outre la large part que Guillaume se réserva dans les profits de la conquête (ses domaines comprenaient neuf mille quatre cent soixante terres ou manoirs, et de plus toutes les principales villes du royaume), il imposait des tailles à volonté et établissait arbitrairement des droits de douane sur l'entrée et la sortie des marchandises. Enfin les amendes, le rachat des crimes, la vente des offices publics, de la protection et de la justice royale lui assuraient une source de revenus considérables.

Cette persistance systématique à travailler à l'abaissement de la race saxonne, la sévérité excessive avec laquelle il punissait la moindre désobéissance, le désarmement général qu'il ordonna envers tous ceux qui n'étaient pas Normands, l'ordonnance par laquelle il forçait les habitants à éteindre leurs lumières et à couvrir leur feu au premier son d'une cloche, toutes ces mesures, et plus encore peut-être l'esprit qui les dictait, produisirent un immense mécontentement, qui n'attendait qu'une occasion d'éclater.

Elle ne tarda pas à se présenter : les Danois n'avaient cessé de considérer l'Angleterre comme une conquête qui leur avait été enlevée et dont leurs pères avaient été maîtres. Les guerres continuelles que Guillaume avait dû soutenir pour y entrer et pour la conserver, leur firent présumer qu'il devait être à court d'hommes et d'argent. Le moment leur parut donc favorable, et ils résolurent de profiter de l'épuisement de Guillaume et de la haine que lui portaient les Anglo-Saxons, pour lui ravir sa conquête et rejeter lui et les siens en Normandie.

Ils passèrent donc la mer avec trois cents vaisseaux, et opérèrent leur descente en Angleterre, sous la conduite du fils et du frère de leur roi. A peine furent-ils débarqués, qu'une foule de Saxons, accourant de toutes parts, vint doubler le nombre des combattants qui composaient leur armée.

Parmi les seigneurs qui vinrent se joindre à eux, se trouvèrent le prince Edgard et le comte de Veltcof. Les premières opérations de l'armée d'invasion furent couronnées d'un plein succès : la ville d'York tomba en son pouvoir, et après quelques excursions elle prit ses quartiers d'hiver entre les rivières d'Ouse et de Trent, où elle attendit le printemps pour s'avancer dans le cœur du pays.

Guillaume, de son côté, n'était pas resté oisif : il profita de l'inaction forcée des Danois pour rassembler ses troupes et prendre toutes ses mesures afin de frapper un grand coup.

Dès que la saison moins rigoureuse lui permit de se mettre en campagne, il alla chercher ses ennemis à la tête d'une armée aussi formidable par son effectif que par son organisation et le choix des combattants. Les Danois l'attendirent de pied ferme, et acceptèrent la bataille avec une résolution qui ne se démentit pas pendant l'action ; ils se battirent en gens de cœur. Le comte de Velteof, à la tête d'une compagnie d'Anglo-Saxons, fit des prodiges de valeur ; il s'attacha principalement à un escadron composé de gentilshommes normands qu'il malmena outre mesure. Mais enfin la fortune du conquérant prévalut encore en cette occasion, les Danois furent taillés en pièces, et les Anglo-Saxons qui survécurent à cette sanglante journée n'eurent d'autre ressource que d'implorer la clémence du vainqueur. Le prince Edgard et le comte de Velteof se trouvèrent au nombre de ceux qui firent leur soumission.

Ce nouveau succès aigrit encore l'humeur déjà naturellement sévère de Guillaume, et, persuadé qu'il ne pouvait se maintenir qu'en courbant les Saxons sous un joug de fer, il ne garda plus aucun ménagement vis-à-vis d'eux ; il entreprit d'abolir jusqu'à leur langue, fit rendre la justice en français, et ne permit pas de se servir d'une autre langue, soit dans les cours, soit dans les tribunaux, soit dans la rédaction des actes publics.

Une autre mesure injustifiable, qu'il prit pour remplir ses coffres vides, indisposa contre lui le clergé, qui avait été son plus ferme appui jusque-là. Guillaume, sous prétexte que les rebelles trouvaient dans les richesses accumulées dans les abbayes, les églises et les couvents, des ressources pour lui faire la guerre, les dépouilla de leurs trésors, sans respect pour la source de ces richesses, qui provenaient d'une foule de legs pieux. Une fois entré dans cette voie il ne s'arrêta pas : après avoir fait main basse sur l'argent monnayé, il prit les châsses contenant les reliques des saints et les vases qui servaient au saint sacrifice, et quand il eut ainsi ravi aux abbés et aux évêques ce qu'ils avaient de plus précieux, il les contraignit de lui fournir tout armés, tout équipés, un certain nombre de soldats qu'ils devaient solder et entretenir en temps de guerre.

Ces procédés tyranniques irritèrent tellement les prélats, qu'ils se plaignirent hautement et adressèrent au roi des récriminations et des menaces. Guillaume en exila quelques-uns, et la crainte d'un sort pareil força les autres à se taire.

Guillaume, qui tenait extrêmement à ne pas se brouiller avec Rome, pour atténuer l'effet de ses déprédations, offrit au pape de faire juger par deux légats apostoliques Stigand, archevêque de Cantorbery, qui occupait indûment ce siége, et que le pontife avait déclaré *intrus*. Deux légats vinrent effectivement en Angleterre, assemblèrent un concile national et évoquèrent la cause de Stigand. Cet évêque, convaincu de simonie, fut solennellement déposé, et le savant Lanfranc, qui de moine du Bec était devenu abbé de Caen, fut nommé archevêque à sa place.

La condamnation de Stigand fut la cause et le signal de nouvelles révoltes. Un capitaine en renom appelé d'Herevard, et Égelvin, évêque de Durham, devinrent le bras et l'âme d'un soulèvement considérable. Les conjurés se retranchèrent dans l'île d'Ely, petit pays qui comprend la partie septentrionale du comté de Cambridge, entre la rivière de l'Ouse et celle d'Aron. Les marais de Whitesey, ceux de Chamsey et un bras de mer l'environnent, et font de ce canton une espèce d'île, dont la circonférence est au plus de soixante mille pas. Guillaume marcha contre eux, et entreprit de les forcer dans la retraite où ils se croyaient inexpugnables. Il commença par faire construire des chaussées et des ponts pour parvenir jusqu'à eux, et, malgré leur vigoureuse défense, les contraignit bientôt à se rendre à discrétion. Herevard seul, à la tête d'une poignée de gentilshommes déterminés, qui ne voulaient pas plus que lui entendre parler de capitulation, se fraya, l'épée à la main, un passage à travers les troupes de Guillaume. Celui-ci usa cruellement de sa victoire ; il fit exécuter un certain nombre de rebelles, et condamna leurs principaux chefs à une prison perpétuelle. Égelvin ne dut la vie qu'au caractère sacré dont il était revêtu ; mais il fut enfermé pour le reste de ses jours.

Herevard fut le seul seigneur saxon qui en aucune circonstance ne voulut reconnaître l'autorité de Guillaume : il lutta tant qu'il put, et s'expatria plutôt que de se soumettre, quand il perdit toute espérance de délivrer son pays de l'oppression normande.

Mais que pouvait la patriotique opiniâtreté d'un seul homme contre un prince tel que Guillaume, aussi grand guerrier qu'administrateur habile, et dont l'activité et le génie se jouaient de tous les obstacles? Guillaume, en effet, ne comptait pour ainsi dire les années de sa vie que par les succès de ses armes et de sa politique. Chaque révolte intérieure, toute agression étrangère était pour lui l'occasion d'un triomphe ou d'une conquête. Il dompta les Écossais et les força de devenir ses tributaires; il se fit rendre hommage par les anciens chefs bretons, retranchés dans le pays de Galles, qui jusque-là avaient traité d'égal à égal avec les rois d'Angleterre; il passa plusieurs fois en Normandie pour apaiser des soulèvements, et chaque fois il sut si bien prendre ses mesures et laisser en Angleterre de si bons lieutenants, que toutes les ligues, tous les complots qui se formèrent ou éclatèrent en son absence n'eurent d'autre effet que de lui fournir l'occasion de se débarrasser de ses ennemis, ou de les réduire à une complète impuissance.

La plus dangereuse de ces ligues fut celle que

formèrent les comtes Roger de Hereford et Raulf de Gaël, tous deux Normands et poussés par des ressentiments personnels contre Guillaume. Ils s'ouvrirent de leur projet au comte de Velteof, et ce fier Saxon, qui s'était déjà une fois révolté contre le roi, entra dans le complot, et y entraîna un grand nombre de ses compatriotes.

Guillaume, en passant en Normandie, avait confié la direction des affaires de son royaume à Lanfranc, archevêque de Cantorbery, qui portait le titre de lieutenant royal.

A la nouvelle de la prise d'armes de Roger, qui, ayant le premier réuni les forces dont il pouvait disposer, s'était mis en marche pour opérer sa jonction avec les autres conjurés, Lanfranc fit partir de Londres et de Winchester toutes les troupes qui s'y trouvaient, et les dirigea contre Roger, déjà tenu en échec dans le Glocester par un corps saxon fidèle à Guillaume.

Les rebelles s'étaient mis en relation avec le roi de Danemark, qui leur avait promis des secours en hommes et en vaisseaux ; mais avant que les Danois fussent débarqués, l'armée de Raulf de Gaël et de ses alliés fut attaquée par des forces supérieures, conduites par Eudes, évêque de Bayeux, Geoffroy, évêque de Coutances, et Guillaume de Garenne. Après une belle résistance, les conjurés normands furent taillés en pièces, et leurs vainqueurs souillèrent leur triomphe par d'abominables atrocités. Raulf s'échappa, parvint à gagner la ville de Norwich, y laissa sa femme, et s'embarqua pour la Basse-Bretagne, où il comptait de nombreux amis, avec lesquels il espérait continuer la lutte. La comtesse de Raulf, sommée de livrer la citadelle de Norwich, refusa d'en ouvrir les portes, et opposa aux troupes royales une résistance à laquelle elles étaient loin de s'attendre ; il leur fallut en venir à un siége en règle ; et l'héroïne, sur le point de manquer de vivres, trouva moyen d'obtenir une capitulation honorable.

Quand Guillaume revint en Angleterre, la rébellion était étouffée ; mais Lanfranc avait attendu le roi pour qu'il décidât lui-même du sort des conjurés.

Roger fut condamné à perdre tous ses biens et à terminer ses jours dans une étroite prison ; Valteof eut la tête tranchée, et avec lui périrent les dernières espérances du parti national.

Guillaume, devenu paisible possesseur de sa conquête, eut bientôt de vifs démêlés avec son fils aîné, Robert Courtes-Jambes, qu'il avait institué son héritier lorsqu'il n'était encore que duc de Normandie. Ce jeune prince, chez lequel toutes les mauvaises qualités de son père étaient loin d'avoir pour compensation l'intelligence supérieure de celui-ci, requit Guillaume de lui abandonner le gouvernement de la Normandie, auquel il prétendait avoir des droits depuis que son père était devenu roi d'Angleterre. Guillaume, après avoir cherché à gagner du temps par des promesses conditionnelles et des réponses évasives, finit, lorsqu'il se vit poussé dans ses derniers retranchements, par refuser formellement de se dessaisir de son duché, qu'il déclara vouloir garder jusqu'à sa mort.

Robert, irrité au dernier point, s'emporta contre son père, lui tint des propos outrageants et s'éloigna de la cour. Il revint peu de temps après en Normandie, essaya, avec quelques amis, de s'emparer par surprise de la citadelle de Rouen, manqua son coup et faillit être pris : ce ne fut qu'à grand'peine qu'il gagna le Perche, où il vécut quelque temps chez Hugues, seigneur de cette province.

Cette première révolte fut suivie d'une réconciliation ; mais elle ne dura guère. Robert ne tarda pas à redemander son duché de Normandie, et Guillaume persistant dans son refus, il en résulta une nouvelle querelle plus violente que la première. Robert quitta une seconde fois la cour, bien décidé à faire valoir les armes à la main ce qu'il appelait ses droits.

Pour se créer des partisans, il parcourut pendant plusieurs années une grande partie de la France et de l'Allemagne, exposant ses griefs et sollicitant l'appui des rois, des princes et des seigneurs. Il ramassa ainsi des sommes considérables : mais comme il dépensait cet argent en débauches et en vaines prodigalités à mesure qu'il le recevait, il se trouva, à son retour, plus endetté que quand il était parti. Soutenu néanmoins par le roi de France, il se décida à tenter la fortune. S'étant rendu chez Élie, vicomte du château de Gerberoy, situé sur les frontières de Normandie, il obtint de ce seigneur la permission de faire sa place d'armes de cette forteresse.

Guillaume, alarmé des préparatifs de son fils, dont le parti se grossissait de jour en jour d'une foule de mécontents et d'aventuriers, voulut étouffer la révolte dans son foyer. Il quitta l'Angleterre en toute hâte, et vint en personne assiéger Robert dans le château où il s'était renfermé à son approche.

Mais un incident inattendu vint réconcilier le père et le fils. Dans une escarmouche, Guillaume et Robert se rencontrèrent sans se reconnaître, et se chargèrent vigoureusement ; Robert, plus agile ou plus adroit, blessa son adversaire et le renversa de son cheval ; ce fut seulement au cri que poussa Guillaume en tombant qu'il reconnut la voix de son père. Aussitôt il s'élance vers lui, le relève, l'aide à se replacer en selle, et s'éloigne avec les siens.

Les amis de Robert profitèrent de cette aventure pour opérer un rapprochement ; Guillaume se fit prier, mais finit par céder. Malheureusement ce fut plutôt une trêve qu'une réconciliation véritable ; Robert ne tarda pas à s'expatrier de nouveau, pour ne plus revenir du vivant de son père. Quelques historiens prétendent que ce fut à la suite d'une altercation pendant laquelle Guillaume maudit son fils.

On se rappelle que le roi de France, effrayé de la puissance de son vassal le duc de Normandie, lui avait refusé de l'aider à conquérir la couronne d'Angleterre. Guillaume s'était passé de son appui, mais il avait conservé rancune de ce refus, et il faut dire que la conduite du roi de France à son égard, depuis son élévation au trône, n'était pas propre à calmer son ressentiment.

Guillaume, trop occupé à asseoir solidement son autorité pour pouvoir songer à se venger de Philippe, avait dû dissimuler ; mais, dès qu'il se vit tranquille possesseur de l'Angleterre, il commença les hostilités en sommant le roi de France de lui rendre la ville de Mantes et son territoire, qui relevait de son duché de Normandie. Philippe ayant répondu qu'il ne voulait nullement se dessaisir d'une place forte qu'il occupait sans conteste depuis nombre d'années, Guillaume vint à Rouen, et se prépara à soutenir ses prétentions les armes à la main.

Pendant que le duc de Normandie réunissait

ses troupes, il tomba malade et fut obligé de garder le lit pendant quelque temps. Ce prince était devenu fort gros en avançant en âge, et avait un ventre énorme.

Comme, selon l'expression de Mézerai, Guillaume faisait diète à Rouen pour se décharger de la graisse qui l'étouffait, la garnison de Mantes profitait de son inaction forcée pour exécuter des pointes en Normandie, où elle commettait mille dégâts. Un seigneur normand s'étant un jour plaint à Philippe des excursions du commandant de Mantes, Philippe, faisant allusion à l'état de Guillaume, répondit en riant : « Je suis bien marri pour vous que votre maître reste si longtemps en couche. »

Cette piquante raillerie fut rapportée au duc, qui fit répondre au roi qu'il irait bientôt faire ses relevailles à Paris avec dix mille lances en guise de cierges ; et, sans attendre son rétablissement, il se met en campagne. Il entre sur les terres du roi de France, pillant et brûlant tout sur son passage. Bientôt il s'empare de la ville de Mantes, et entreprend de la détruire de fond en comble, sans épargner même les églises ; il présidait en personne à l'incendie allumé par ses ordres, et veillait à ce qu'on rallumât le feu partout où il s'éteignait.

L'agitation qu'il se donna en cette circonstance, la chaleur, la fumée, ses cris et plus encore une chute qu'il fit en galopant au milieu des décombres, déterminèrent chez le duc une grave maladie. On le transporta à Rouen dans un état désespéré, et il y mourut après quelques jours de souffrances.

Guillaume fut sans contredit l'homme le plus remarquable de son époque. Il possédait toutes les vertus et tous les vices qui facilitent à un ambitieux la conquête d'un grand empire. Mais si l'on ne peut s'empêcher d'admirer la profonde habileté, la vigueur avec laquelle il conduisit son entreprise capitale, on n'éprouve aucune sympathie pour ce Normand avide, rusé et brutal, dont la vie entière n'offrit pas une seule action chevaleresque, un seul trait de générosité ou de grandeur d'âme.

On porta les dépouilles mortelles de Guillaume à Caen, où il avait demandé à être inhumé, dans l'abbaye de Saint-Étienne. La plupart des évêques et des abbés de Normandie étaient venus pour assister à la cérémonie funèbre, qui fut interrompue par un incident singulier. Au moment où on allait descendre le corps dans le caveau préparé pour sa sépulture, un homme perdu dans la foule des assistants s'écria tout à coup d'une voix forte et vibrante, qui domina le chant des psaumes :

« Clercs et évêques, ce terrain est à moi. C'était la cour de la maison de mon père, que l'usurpateur pour qui vous priez lui enleva violemment et injustement pour y fonder cette église. Je le réclame, et je vous défends de la part de Dieu d'y enterrer ce corps. »

Cette sortie inattendue causa un trouble et une agitation inexprimables; enfin les évèques, après s'être consultés entre eux, firent approcher l'homme, qui requit le témoignage d'un grand nombre d'assistants pour confirmer son dire. Les évèques, séance tenante, lui achetèrent son terrain, et procédèrent à l'inhumation.

CHARLES-QUINT

Charles-Quint naquit à Gand le 4 février 1500 ;
il était fils de l'empereur Maximilien, et petit-fils
d'Isabelle, reine de Castille. Il succéda sans obstacle sérieux à cette dernière, et fut élu à l'unanimité empereur d'Allemagne (1), cinq mois après
la mort de son père. Aussitôt que cette grande
nouvelle lui parvint, Charles annonça par un message qu'il acceptait la couronne, et qu'il allait
passer en Allemagne pour prendre possession de
sa nouvelle dignité.

François Ier, dont le nom doit si souvent appa-
raître dans cette biographie, avait vivement bri-

(1) La couronne impériale était conférée par sept princes
que distinguait le titre d'électeurs, et qui se réunissaient à
Francfort pour y voter.

7*

gué la dignité suprême dont Charles venait d'être
revêtu. Ces deux princes étaient si puissants, que
les électeurs, forcés de choisir l'un des deux pour
l'opposer à l'autre, craignaient de donner un
maître plutôt qu'un chef à la confédération germanique. S'ils préférèrent Charles-Quint au roi
de France, ce fut parce que les États du premier
étaient séparés de l'Allemagne par un grand
royaume, et qu'ils espéraient défendre plus facilement leurs droits et leurs libertés contre Charles
que contre leur voisin immédiat.

L'élection de Charles-Quint blessa d'autant
plus profondément François Ier, qu'il avait toujours espéré que, dans le cas où il ne réussirait
pas à se faire nommer, il en viendrait du moins
à faire porter les suffrages sur la tête du duc de
Saxe, ce qui eût mis son amour-propre à couvert.
Un échec dans de pareilles conditions eût suffi
pour animer François contre son heureux rival,
quand bien même les intérêts et les projets des
deux rois n'eussent pas été trop opposés pour
qu'ils pussent vivre en bonne intelligence. L'un et
l'autre voulaient dominer en Europe, et ils comprenaient qu'ils ne pouvaient parvenir à leur but
sans s'écraser.

François, tout enivré encore de la victoire de
Marignan, où il avait vaillamment payé de sa per-
sonne, prétendait recouvrer Naples et la Navarre.
Charles, de son côté, estimait peu de chose la

conservation de ces deux royaumes, s'il ne parvenait pas à chasser les Français du Milanais.

Ce fut donc en Italie que commença la longue lutte entre les deux rois. Les Français, vainqueurs d'abord, ne tardèrent pas à être battus, et à perdre la majeure partie du Milanais.

Charles-Quint, dès cette première campagne, prit sur son antagoniste un ascendant, une supériorité qu'il conserva jusqu'à la fin de son règne. Cette supériorité s'explique parfaitement, du reste, par son caractère et ses habitudes, bien différentes de celles de François.

Celui-ci, en effet, brave, loyal, généreux, avait tous les défauts et toutes les qualités d'un chevalier de la Table-Ronde ; et tandis qu'il perdait son temps et son argent à donner des fêtes aux dames, son rival employait l'un et l'autre à mûrir ses projets et à combiner les moyens de les faire réussir. Il trouvait ses plaisirs dans les affaires, et au contraire la grande affaire de François c'était le plaisir.

Ce fut en tentant un nouvel effort sur le Milanais que François Ier, vaincu à Pavie, devint le prisonnier de Charles-Quint. Charles n'y commandait pas en personne ; et si une chose dut être plus pénible au roi de France que la perte de cette bataille, où il perdit tout *fors l'honneur*, ce dut être d'avoir été défait par un connétable de France, par le duc de Bourbon. Celui-ci, en effet, irrité des injustices dont il était l'objet de la part de la mère de François Ier, qui depuis longtemps mettait tout en œuvre pour assouvir la haine qu'elle lui portait, avait offert son épée à Charles-Quint, et ce monarque s'était empressé de lui donner le titre de généralissime de ses armées.

L'empereur dissimula, sous les dehors d'un calme et d'une modestie parfaitement joués, la joie que lui causa la grande nouvelle que son lieutenant se hâta de lui transmettre. Il ne permit pas que l'on célébrât sa victoire par des réjouissances publiques. Il était trop habile pour ne pas comprendre que ses succès commençaient déjà à effrayer les princes de l'Europe, que s'il ne voulait pas qu'ils se liguassent tous contre lui, il fallait dissimuler ses projets de monarchie universelle, et que sa modération endormît leurs méfiances. Par son ordre, François Ier fut transféré à Madrid, dans un vieux château, où ses gardes furent loin d'avoir pour leur prisonnier les égards dus à ses malheurs et à son rang.

Charles, en cette circonstance, ne montra qu'un désir, qu'une volonté, celui de tirer tout le parti possible de la captivité du roi de France. Il chercha d'abord à lui faire bien sentir toutes les humiliations, toutes les privations nécessairement attachées à la perte de la liberté, dans l'espoir que François accepterait plus facilement toutes les conditions qu'il lui plairait de mettre à son retour en France. Mais bientôt l'empereur s'aperçut que si, d'une part, rien ne pouvait ébranler la résolution de François de mourir dans les fers plutôt que de se racheter par des concessions indignes d'un roi, d'un autre côté sa santé déclinait à vue d'œil ; il craignit donc de perdre tout le profit de sa prise, s'il ne se relâchait de ses exigences ; ce fut ce calcul qui sauva son prisonnier. Mais le spectacle de cet empereur, consultant les médecins pour savoir combien de temps il peut encore faire durer la captivité de son rival avant que les ressorts de son organisation ne se détendent, a quelque chose d'odieux et de vil, que l'histoire ne saurait trop énergiquement flétrir.

Charles s'étant vu forcé de modérer la rigueur de ses prétentions, et le roi de France ayant fait quelques pas de son côté, les deux souverains tombèrent enfin d'accord sur les bases d'un traité qui devait rendre la liberté au captif ; avant de le signer, François réunit les conseillers qu'il avait à Madrid, et protesta en leur présence qu'il agissait comme contraint et forcé, et qu'il ne se croyait nullement engagé par un traité auquel il n'avait pas librement consenti.

Peu de temps après le départ de François, Charles épousa Isabelle, fille du roi de Portugal. Il vécut dans la plus grande union avec cette princesse accomplie, qui joignait à une beauté remarquable les plus rares qualités du cœur et de l'esprit.

Dès que le roi de France eut repris les rênes du gouvernement, l'empereur lui envoya deux ambassadeurs pour le sommer de tenir ses engagements, ou de revenir reprendre ses fers à Madrid. François répondit qu'il ne tenait pas à lui de remplir la principale clause du traité, la cession de la Bourgogne, parce qu'il n'avait pas le droit de démembrer la France. Charles — Quint, qui devait s'attendre à cette réponse, en conçut cependant un amer dépit, et ce dépit fut encore augmenté par la nouvelle qu'il reçut bientôt que le roi de France, le roi d'Angleterre, le pape et les Vénitiens avaient formé contre lui une ligue offensive et défensive, et que le souverain pontife, en vertu de son autorité souveraine en matière de serments, venait de relever François Ier de celui qu'on lui avait arraché à Madrid.

Charles, pour résister à ses ennemis, déploya une vigueur et une activité extraordinaires. Il fit passer de nouvelles troupes en Italie, où Bourbon, malgré les efforts des confédérés, s'empara de Milan, et ensuite de Rome, que ses soldats, exaspérés de la mort de leur chef, tué en donnant l'assaut, livrèrent au pillage.

Le pape, au moment de la prise de sa capitale, s'était enfermé dans le château Saint-Ange ; mais bientôt la famine le contraignit à se rendre, et il devint ainsi prisonnier de Charles-Quint, qui à quelques années d'intervalle se trouva l'arbitre des destinées d'un roi de France et d'un souverain pontife.

L'empereur, fidèle à ses habitudes de dissimulation, témoigna un profond chagrin de la captivité du saint-père, et ordonna dans toute l'Espagne des prières publiques afin d'obtenir du Ciel sa prompte délivrance et l'évacuation de la ville sainte. Il fallait que Charles eût une bien médiocre idée de la sagacité de ses contemporains, pour s'imaginer qu'ils fussent les dupes de cette comédie, puisqu'un ordre de sa part eût suffi pour rendre au pape la liberté, qu'un général de l'empire lui avait ravie.

Mais, bien loin d'expédier un ordre dans ce sens, il prolongea la captivité du saint-père pendant six mois, et le traita absolument comme il avait traité François Ier. Il ne se dessaisit de sa personne qu'après lui avoir fait accepter toutes les conditions qu'il se plut à lui imposer.

La conduite de l'empereur vis-à-vis du souverain pontife souleva une indignation universelle en Europe, dont tous les princes se liguèrent contre lui. Charles-Quint, pour conjurer l'orage qui se formait, commença par proposer au pape de lui rendre sa liberté moyennant une rançon de trois cent cinquante mille écus, payables en trois échéances très-rapprochées. Clément accepta, et acquitta le premier terme de sa rançon. Alarcon, son gardien, s'étant dès ce moment relâché de la surveillance qu'il exerçait autour de son auguste prisonnier, le souverain pontife profita de sa négligence pour tenter une évasion qui eut un plein succès. Il se retira à Orvieto, d'où il écrivit à Lautrec une lettre de remerciements; cette lettre prouve que le général français avait préparé et favorisé la fuite du saint-père.

Ce fut vers cette époque (1528) que les ambassadeurs des rois de France et d'Angleterre vinrent déclarer la guerre à l'empereur. Celui-ci combla d'égards les envoyés d'Henri, et répondit au défi du monarque anglais avec beaucoup de calme et de dignité. Sa conduite fut toute différente vis-à-vis de François Iᵉʳ et de ses ambassadeurs; il s'emporta devant eux en termes outrageants contre son rival, et les chargea de lui faire savoir qu'il ne le considérait plus que comme un vil infracteur de la foi publique, étranger aux sentiments d'honneur et de probité qui distinguent un gentilhomme. Il ajouta « qu'il avait chargé plusieurs fois, dès il y a deux ans, Jean de Calvimont, président de Grenoble, qui était alors ambassadeur de France en sa cour, de lui dire qu'il était prêt de décider tous leurs différends par un combat de corps à corps entre eux deux; mais qu'il avait fait la sourde oreille à son défi, et que maintenant il essayait de se mettre à couvert de cette confusion par une déclaration de guerre générale, pensant justifier son parjure par le trouble de toute la chrétienté (1). »

Quelques historiens prétendent, au contraire, que ce fut François Ier qui, irrité du langage insultant de Charles-Quint, lui proposa un combat singulier pour vider leurs querelles. Il est certain que cette provocation d'un souverain d'un grand État doit sembler moins extraordinaire de la part d'un prince chevaleresque, que venant d'un monarque aussi grave et aussi prudent que Charles-Quint.

Ce qui est certain aussi, c'est que le défi fut accepté et que les deux rois échangèrent plusieurs messages pour régler le lieu et les conditions du combat, messages toujours accompagnés de ces récriminations, de ces reproches qui dégénèrent souvent en injures indignes de têtes couronnées.

L'impossibilité de s'entendre sur les conséquences d'une semblable rencontre entre deux souverains, leur servit de prétexte pour abandonner un projet que la réflexion ne tarda pas à leur montrer comme insensé.

Mais un échange de messages et de lettres dans lesquels les deux rivaux s'ingéniaient à se piquer au vif, ne pouvait manquer de donner une

____

(1) Mézerai.

nouvelle activité à la guerre qu'ils se faisaient. François tenta un puissant effort sur l'Italie; Lautrec, son général, força les impériaux à sortir de Rome et mit le siége devant Naples. Il se serait rendu maître de cette ville par la famine, si l'amiral Doria, le plus grand homme de mer de cette époque, qui commandait les flottes françaises, n'eût embrassé le parti de l'empereur. Lautrec, n'étant plus maître de la mer, éprouva bientôt une disette aussi cruelle que celle que son blocus avait fait souffrir aux Napolitains. Manquant de tout, il se décida enfin à battre en retraite avec son armée affaiblie et décimée par la peste. Atteint lui-même par la contagion, il mourut, laissant au marquis de Saluces le commandement de ses troupes. Celui-ci, vivement pressé par les impériaux, fut bientôt contraint de chercher un asile dans les murs d'Aversa, où, reconnaissant l'impossibilité de se défendre, il se vit réduit à accepter une capitulation des plus honteuses.

Le roi de France n'ayant pas été plus heureux l'année suivante, pendant laquelle l'armée qu'il avait envoyée en Italie éprouva un désastre aussi complet que celui de Lautrec, Louise, mère de François Ier, crut le moment favorable pour faire accepter par son fils un traité de paix avec l'empereur. Elle s'aboucha dans ce dessein avec Marguerite d'Autriche, tante de Charles-Quint, qu'elle savait aussi désireuse qu'elle de voir se terminer une guerre qui épuisait les finances de l'empire aussi bien que celles du royaume.

Louise et Marguerite se réunirent à Cambrai, et après de longues conférences où elles n'admirent aucun tiers, elles arrêtèrent les bases d'un traité dans lequel le roi de France sacrifiait toutes ses prétentions sur le Milanais et le royaume de Naples, et laissait l'empereur seul arbitre des affaires de l'Italie.

Charles-Quint, ayant ainsi obtenu tout ce qu'il désirait, se rendit à Bologne à la tête de vingt mille hommes et accompagné d'une cour brillante. Sa première démarche fut d'aller baiser humblement les pieds du souverain pontife qu'il avait naguère si durement traité; il s'occupa ensuite de concilier les droits, les prétentions, les jalouses susceptibilités des princes et des républiques italiennes qui dépendaient entièrement de lui. Jamais l'empereur ne déploya plus d'habileté et de prudence que dans cette épineuse affaire; jamais il ne montra plus de modération et d'équité.

Il faut dire, cependant, que le désintéressement dont il fit preuve dans une circonstance où il pouvait parler et agir en maître, lui était commandé par deux motifs également puissants. D'une part, il voulait rassurer les États italiens qui redoutaient ses vues ambitieuses, et d'un autre côté régler si bien les affaires de la péninsule, qu'il pût, sans craindre d'y voir s'élever de nouveaux troubles qui eussent nécessité son intervention armée, diriger toutes ses forces en Allemagne, où les Turcs avaient fait une formidable invasion.

Ce fut avant de marcher contre eux que Charles se fit couronner roi de Lombardie et empereur des Romains. Arrivé en Allemagne, l'empereur eut besoin de recourir à toutes les ressources de son génie politique pour déterminer les princes qui avaient embrassé les doctrines de Luther à se joindre à lui contre Soliman, qui, à la tête de cent cinquante mille hommes, avait mis le siége devant Vienne.

Il y réussit néanmoins, et l'on vit bientôt une des plus belles armées qui eussent jamais paru en Allemagne se réunir dans les environs de la ville assiégée.

Charles, pour la première fois, voulut commander en personne. Jusque-là il n'avait combattu et vaincu que par ses lieutenants; mais il montra qu'au besoin il était capable de se passer d'eux.

Aucune bataille importante et décisive ne signala cependant cette campagne; les deux armées manœuvrèrent pour se surprendre, et Soliman, voyant qu'il avait affaire à un ennemi tellement sur ses gardes qu'il était impossible de l'attaquer sans s'exposer à une défaite, leva le siége de Vienne et se retira en bon ordre dans ses États.

L'empereur se hâta de profiter de la retraite des Turcs pour reprendre lui-même le chemin de l'Italie et de l'Espagne ; il connaissait trop bien le roi de France pour concevoir la moindre illusion sur la valeur du traité de Cambrai ; il savait, au contraire, que François n'avait accepté ses humiliantes conditions que parce qu'il n'avait pu faire autrement, et qu'il ne laisserait pas échapper la première occasion favorable de réparer l'affront d'y avoir souscrit.

En arrivant à Bologne, Charles eut une nouvelle entrevue avec le pape, et espéra pourvoir à la sûreté de l'Italie en formant une ligue dans laquelle entrèrent tous les princes et toutes les républiques de la péninsule. Le traité qui les liait stipulait qu'en cas d'agression extérieure, chaque État lèverait à ses frais un nombre de soldats proportionné à ses ressources, et que ces divers contingents réunis en armée seraient placés sous les ordres d'un général de l'empire.

Plus tranquille du côté de l'Italie, Charles-Quint songea à mettre à profit le loisir que lui laissait la supériorité qu'il avait prise sur tous ses rivaux, pour réaliser un projet depuis longtemps conçu, celui de mettre un terme aux brigandages des pirates barbaresques. La nécessité s'en faisait d'autant plus impérieusement sentir, que le célèbre Barberousse venait de s'emparer d'Alger et de Tunis, et non-seulement infestait les mers, mais étendait ses ravages et ses rapines sur les côtes de l'Italie et de l'Espagne.

L'empereur, ayant donc formé un corps considérable de ses meilleures troupes et équipé une flotte de cinq cents navires, partit de Cagliari le 16 juillet 1535; il arriva après une heureuse navigation en vue de Tunis, et débarqua sans rencontrer de résistance. Ce n'est pas que Barberousse ne fût déterminé à se défendre vigoureusement; mais il préférait attendre les chrétiens derrière les murs de Tunis, et leur laisser toutes les difficultés et les lenteurs d'un siége sous un climat brûlant et dans un pays dévasté.

Charles voulut tout d'abord frapper un grand coup en emportant d'assaut le fort de Goulette, défendu par six mille soldats turcs, sous les ordres d'un capitaine habile et courageux; l'impétuosité de l'attaque fut telle, que les assaillants, divisés en trois corps, pénétrèrent simultanément dans la place, et que les débris de la garnison eurent beaucoup de peine à regagner Tunis.

La prise de Goulette, que Barberousse considérait comme devant arrêter longtemps les troupes impériales, lui montra clairement qu'il était très-dangereux pour lui de rester enfermé dans les murs de Tunis, où il risquait d'être pris, puisque la défense de cette place était beaucoup

plus difficile que celle du fort de Goulette ; il résolut donc de confier sa destinée au sort d'une
bataille.

Le combat eut lieu en effet ; mais que pouvait
l'aveugle furie des infidèles se précipitant à grands
cris et sans ordre sur les bandes allemandes et es-
pagnoles ? Celles-ci n'eurent aucune peine à soutenir le premier choc des hordes indisciplinées de
Barberousse et à y faire de larges trouées. Autant leur attaque avait été vive, autant leur fuite
fut prompte. Barberousse essaya vainement de les
ramener à la charge, elles l'entraînèrent dans leur
déroute jusqu'à Tunis.

En y entrant, Barberousse apprit que pendant
son absence les esclaves chrétiens s'étaient emparés de la citadelle ; il se repentit alors, dit-on,
d'avoir cédé aux conseils de ses officiers, qui l'a-
vaient dissuadé d'égorger tous les chrétiens avant
de marcher contre Charles-Quint, comme il l'avait
ordonné d'abord, se reprocha tout haut ce qu'il
appelait une indigne et coupable faiblesse, et se
réfugia à Bone, où l'empereur ne jugea pas à
propos de le poursuivre.

La gloire que Charles-Quint tira de cette brillante expédition eût été plus complète et plus
pure, s'il n'eût pas toléré les horreurs que ses
troupes commirent dans Tunis. Elles y égorgèrent
trente mille personnes, et jamais peut-être le sac
d'une ville ne fut accompagné de telles horreurs.

A peine l'empereur fut-il aussi heureusement revenu en Europe qu'il en était parti, qu'il eut à soutenir une nouvelle guerre contre François Ier. Celui-ci, en effet, qui n'attendait qu'une occasion favorable pour venger ses précédentes défaites, voulut mettre à profit le moment où Charles-Quint venait de licencier son armée d'Afrique pour rétablir ses finances épuisées par son expédition d'outre-mer.

L'empereur, sans troupes et sans argent, trouva moyen d'entamer des négociations avec le roi de France, et de l'amuser par des propositions et des promesses, jusqu'à ce qu'il eût réuni ses forces. Changeant alors brusquement d'attitude et de langage, il déclara aux ambassadeurs de François qu'il n'y avait ni paix ni réconciliation possible entre lui et un prince sans honneur et sans foi.

François s'aperçut trop tard qu'il était encore une fois joué, et qu'il avait perdu un temps précieux, puisqu'au lieu de se trouver en face d'un adversaire sans troupes et sans argent, il allait avoir à se défendre contre une armée de cinquante mille hommes parfaitement organisée.

Non-seulement l'empereur força les Français à évacuer le Piémont et la Savoie, mais il pénétra dans la Provence. En voyant son territoire envahi par une armée de beaucoup supérieure à la sienne, François comprit que s'il hasardait une seule ba-

taille, sa perte pouvait entraîner le démembre-
ment de son royaume. Il prit alors le parti de
dévaster toute la Provence, de manière que les
impériaux n'y trouvassent ni vivres ni abri, et de
se renfermer dans un camp fortement retranché
où Charles ne pût l'attaquer sans s'exposer à une
défaite assurée.

L'empereur s'avança donc dans un pays trans-
formé en un vaste désert, qui s'étendait depuis
les Alpes jusqu'à Marseille, et de la Méditerranée
aux confins du Dauphiné, et pénétra, sans rencontrer d'autres créatures vivantes que les ani-
maux sauvages, jusqu'au camp des Français, assis
sous les murs d'Avignon. Vainement il les provoqua au combat, ils restèrent immobiles dans
leurs lignes; il essaya alors de faire le siège
d'Arles et de Marseille, les seules places que
François Ier eût mises sur la défensive; mais tous
ses efforts échouèrent contre la fermeté des garnisons. Enfin, après avoir promené pendant deux
mois ses troupes affamées et décimées par les
maladies, suite inévitable de privations de toute
espèce, Charles se décida à reprendre le chemin
de l'Italie. Sa retraite, quoique aucun ennemi ne
l'inquiétât, ressemblait à une déroute, tant était
grand le découragement de ses troupes. Il est
certain que si Montmorency, auquel François Ier
avait confié l'exécution de son plan de défense,
n'eût pas persévéré jusqu'au bout dans son im-

mobilité, et fût tombé sur les derrières de l'armée impériale, le désastre de celle-ci eût été complet.

Charles, qui venait de traverser l'Italie en conquérant et en triomphateur, n'osa pas s'y montrer après avoir perdu si honteusement la moitié de son armée ; il gagna précipitamment le port de Gênes, et s'y embarqua pour l'Espagne.

L'année suivante, l'empereur, ayant conclu, par l'intermédiaire du souverain pontife, une trêve de dix ans avec le roi de France, lui demanda l'autorisation de traverser son royaume pour aller châtier les bourgeois de Gand, qui s'étaient révoltés ; il accompagna cette singulière demande de la promesse de terminer l'affaire du Milanais à l'entière satisfaction de François Ier.

Une pareille marque de confiance ne pouvait manquer de flatter un prince aussi chevaleresque que le monarque français, et Charles le connaissait trop bien pour ne pas savoir qu'il ne risquait absolument rien en se mettant volontairement à la discrétion de son rival.

L'empereur quitta donc l'Espagne, et franchit les Pyrénées, suivi d'un brillant cortége. Le dauphin de France et le duc d'Orléans le reçurent à Bayonne, et lui offrirent de passer en Espagne pour servir d'otages jusqu'à son retour. Charles rejeta bien loin leurs offres, en disant que la loyauté du roi était la seule garantie qu'il voulût et la meilleure qu'il pût avoir. Tout le voyage de l'empereur ne fut qu'une longue fête ; il passa dix jours à Paris, et gagna les Pays-Bas, sans cesse comblé de prévenances et d'honneurs.

Par une délicatesse toute chevaleresque, François ne voulut pas agiter la question du Milanais, ni rappeler à Charles-Quint les promesses qu'il avait faites, aussi longtemps que ce monarque se trouva sur son territoire, et pour ainsi dire en son pouvoir. Ce ne fut que lorsque Charles eut mis les pieds dans ses États, que les ambassadeurs français le sommèrent de tenir sa parole, et de donner à l'un des fils de leur roi l'investiture du duché de Milan.

L'empereur, qui n'avait pas encore soumis les Gantois, renouvela ses promesses, et demanda des délais, qu'il motiva sur la nécessité où il se trouvait de s'occuper entièrement d'étouffer une rébellion qui menaçait de gagner tous les Pays-Bas.

Ces raisons, assez plausibles en apparence, engagèrent les ambassadeurs à prendre patience, et ils attendirent que l'empereur en eût fini avec les Gantois : ce qui, du reste, ne fut pas long, puisqu'ils se soumirent à l'approche de Charles, qui ne les punit pas moins sévèrement d'avoir méconnu son autorité. Vingt des principaux citoyens furent mis à mort, et la ville reçut l'ordre de bâtir à ses frais une citadelle destinée à mettre ses habitants hors d'état de se soulever à l'avenir.

Dès que l'empereur fut délivré, par la réduction des Gantois, de la crainte de voir les Français prendre fait et cause pour eux, il déclara nettement aux envoyés de François Ier qu'il n'était pas assez insensé pour se dépouiller du Milanais au profit de son ancien ennemi, et il alla jusqu'à nier qu'il eût jamais rien promis de pareil. En aucune occasion Charles-Quint ne poussa aussi loin qu'en cette circonstance l'impudeur et la mauvaise foi. On peut blâmer, ridiculiser même, ainsi que n'ont pas manqué de le faire plusieurs historiens, la crédulité du roi de France ; mais cette confiance, poussée jusqu'aux dernières limites, n'en rend que plus odieuse la conduite de son rival.

Charles n'eut pas plutôt pacifié les Pays-Bas et réglé quelques différends avec les princes de l'Allemagne, qu'il résolut de faire une nouvelle expédition en Afrique, espérant recueillir dans cette seconde campagne autant de gloire que dans la première, en détruisant Alger, comme il avait détruit Tunis.

La campagne s'ouvrit sous de fâcheux auspices. La Sardaigne avait été choisie pour le rendez-vous général des vaisseaux et des troupes qui devaient composer l'expédition. Charles, en s'y rendant, essuya une affreuse tempête, et ne rejoignit sa flotte qu'avec mille peines et à travers mille dangers.

La traversée d'Europe en Afrique ne fut pas plus heureuse, et le débarquement des troupes offrit de sérieuses difficultés, par suite du mauvais état de la mer. Mais tout cela n'était que le prélude de plus grands malheurs. A peine, en effet, les troupes avaient-elles mis pied à terre, qu'un affreux ouragan s'éleva, et ne permit pas de retirer des vaisseaux les vivres et les objets de campement indispensables à une armée jetée sur une plage aride et nue.

La nuit qui suivit l'arrivée des impériaux sur la côte barbaresque fut épouvantable. Ils restèrent exposés, sans vivres et sans abri, à toute la fureur des éléments déchaînés, et à la pointe du jour ils furent attaqués par le dey d'Alger, qui ne se retira qu'après leur avoir tué beaucoup de monde.

Mais si la nuit avait été cruelle pour l'armée, les souffrances des soldats n'étaient rien en comparaison du désastre de la flotte ; la moitié des vaisseaux avaient été arrachés de leurs ancres, et étaient venus se briser sur les rochers du rivage.

L'amiral Doria, qui avait été assez habile ou assez heureux pour gagner le large, fit parvenir à l'empereur un billet par lequel il mandait qu'il s'était retiré avec les débris de sa flotte derrière le cap Matifou, et le suppliait de venir l'y joindre pour se rembarquer.

Comme c'était le seul parti à prendre, l'armée impériale se mit aussitôt en marche. Cette retraite, pendant laquelle Charles déploya une admirable fermeté, fut excessivement pénible pour ses troupes, épuisées de fatigue et de besoin. Elles marchèrent pendant quatre jours, ne se nourrissant que de racines et de la chair des chevaux, que l'empereur faisait tuer et distribuer aux soldats. Quand les débris de cette armée, si brillante une semaine auparavant, et qu'avaient décimée les attaques incessantes des Arabes, les maladies, les ardeurs d'un soleil dévorant, et le passage de ruisseaux profonds et débordés, arrivèrent enfin au cap Matifou, ils trouvèrent des vivres en abondance, et l'espoir commença à rentrer dans tous les cœurs.

Charles ne se rembarqua que le dernier, malgré le danger de se voir enlever par les Arabes, et nous devons dire qu'à nos yeux il se montra plus digne d'admiration et de respect, plus véritablement grand dans cette expédition si malheureuse, que dans celle qu'avait couronnée un succès complet.

En regagnant ses États, le courage et la fermeté de l'empereur furent mis à de nouvelles épreuves. Le vaisseau qui le portait, battu par la tempête, dut chercher un refuge dans un petit port de l'Afrique, où des vents contraires le retinrent pendant près d'un mois.

La triste issue de cette expédition, préparée à grand bruit, diminua le prestige que le nom de Charles-Quint exerçait en Europe; et François crut le moment d'autant plus favorable pour recommencer les hostilités, que la perfidie d'un des généraux de Charles-Quint lui fournissait une raison suffisante de rompre la trève, tout en conservant le bon droit de son côté. Ce général, le marquis du Guast, venait, en effet, de faire assassiner deux ambassadeurs du roi de France, pour se saisir des dépêches dont ils étaient porteurs, dépêches destinées au sénat de Venise.

Soit que du Guast eût agi par les ordres de son maître, soit qu'il eût suivi sa propre inspiration, Charles-Quint refusa au roi de France les satisfactions qu'il demandait, et la guerre recommença à la fois en Italie, en Espagne et au nord de la France.

Pendant qu'en Italie les troupes de François Ier, commandées par le jeune comte d'Enghien, gagnaient la célèbre bataille de Cérisoles, Charles-Quint et Henri VIII, son allié, pénétraient en France, l'un par le Calaisis, et l'autre par la Champagne. Si ces deux monarques, ainsi qu'ils en étaient convenus, avaient marché droit sur Paris, ils eussent certainement mis le royaume de France à deux doigts de sa perte; mais Charles s'amusa à faire le siége de Saint-Dizier, et Henri celui de Boulogne. Le temps qu'ils perdirent devant ces deux places donna à François le loisir de réunir toutes ses forces; en sorte que, lorsque l'empereur eut forcé Saint-Dizier à capituler, après une longue et vigoureuse résistance, il n'osa plus rien entreprendre de décisif sur Paris, parce que ses troupes étaient harassées et qu'il avait épuisé ses vivres. Dans cette situation, il consentit sans peine à entrer en arrangement avec François, et conclut avec lui le traité de Crespy, par lequel il s'engageait à donner au fils du monarque français l'investiture du duché de Milan, à condition que ce prince épouserait sa fille.

On ne sait comment l'empereur, qui avait prouvé en mainte circonstance tout le prix qu'il attachait à la possession du Milanais, aurait fait pour ne pas s'en dessaisir après un pareil traité, si un événement inattendu n'était venu le tirer d'embarras. Le duc d'Orléans, son futur gendre, mourut inopinément, et le roi de France réclama vainement une compensation pour les avantages que lui retirait la mort de son fils.

François Ier lui-même descendit au tombeau l'année suivante, et délivra ainsi Charles-Quint du seul antagoniste digne de lui et capable de contre-balancer son influence sur les destinées de l'Europe.

Charles, tranquille du côté de l'Italie et de la France, tourna alors toutes ses forces contre l'Allemagne, dont la plupart des princes, qui avaient embrassé le protestantisme, méconnaissaient son autorité. Aussi longtemps que François avait vécu, Charles s'était vu dans la nécessité de les ménager, craignant qu'ils ne se liguassent contre lui avec le roi de France; mais la mort de son rival lui ôtant toute inquiétude de ce côté, il résolut d'agir vigoureusement contre eux, et de ne leur laisser aucun repos jusqu'à ce qu'il les eût réduits à l'obéissance.

L'empereur pénétra en Saxe, dont l'électeur commandait l'armée confédérée, et parvint, en soumettant toutes les villes sur son passage, jusque sur les bords de l'Elbe. Le passage de cette rivière rapide et profonde offrait de sérieuses difficultés. Charles, contre l'avis de ses généraux, voulut néanmoins le tenter, et l'effectua heureusement, malgré le feu d'un détachement posté pour défendre la rive opposée.

L'électeur, campé à quelques lieues de là, n'apprit que l'ennemi avait franchi l'Elbe que lorsque Charles s'avançait déjà pour l'attaquer. Il est difficile de s'expliquer comment l'électeur, qui ne manquait ni de courage ni de talents militaires, commit la faute énorme de ne pas disputer vigoureusement à l'empereur, avec son armée numériquement plus forte, le passage d'une rivière comme l'Elbe. Il faut nécessairement admettre avec les historiens allemands que l'électeur ait été en cette circonstance trahi par quelques-uns de ses généraux, qui parvinrent à lui cacher la vérité sur la marche et les opérations de Charles-Quint.

Une bataille sanglante ne tarda pas à s'engager entre les impériaux et les protestants. Non-seulement ceux-ci furent complétement défaits, mais leur général, l'électeur de Saxe, tomba entre les mains de Charles-Quint, qui le traita avec une rigueur extrême.

Le gain de cette bataille entraîna la reddition de Wittemberg et de Gotha, les seules places qui tinssent encore pour l'électeur. Charles le força alors à résigner sa dignité électorale entre ses mains, et la conféra à Maurice, qui, quoique protestant, lui paraissait entièrement dévoué.

Mais le dévouement de Maurice était plus apparent que sincère ; il n'avait embrassé le parti de l'empereur que pour se débarrasser plus sûrement des princes qui eussent pu contrecarrer ses ambitieux projets de devenir en Allemagne le chef politique du protestantisme.

Dès que Maurice fut en possession de son électorat, il travailla activement à la réalisation de ses plans, et, chose remarquable, il parvint à envoyer des ambassadeurs aux rois de France et d'Angleterre, et à leur proposer une alliance contre l'empereur, sans éveiller le moindre soupçon dans l'esprit de ce monarque, dont la méfiance et la clairvoyance sont proverbiales. Ce qu'il y a de certain, c'est que, lorsque Maurice leva ouvertement le masque, se posa comme le défenseur et le protecteur de la liberté allemande, et marcha contre Charles, celui-ci ne put dissimuler ni son profond étonnement, ni ses inquiétudes.

Attaqué à l'improviste, et hors d'état de résister à Maurice appuyé par le fils de François Ier, Charles eut recours à son moyen ordinaire pour gagner du temps : il ouvrit des négociations. Mais Maurice éleva des prétentions inacceptables ; en sorte que les conférences n'aboutirent à aucun résultat.

Pendant que l'empereur, qui se trouvait à Inspruck, déployait une infatigable activité pour réunir un corps d'armée et mettre des garnisons dans les places les plus faciles à défendre, Maurice, de son côté, s'avançait à marches forcées vers Inspruck. Déjà il n'était plus qu'à une petite distance de cette ville, quand un de ses régiments se mutina. Sans cette émeute, qui lui fit perdre un temps précieux, Maurice eût probablement surpris Charles-Quint à Inspruck ; car ce ne fut que dans la nuit qui précéda l'arrivée de l'électeur que Charles, informé de son approche, s'enfuit en toute hâte, n'ayant pour escorte que quelques gentilshommes de sa cour et leurs valets.

Pour échapper à Maurice il dut, malgré les ténèbres d'une nuit obscure et une pluie qui tombait par torrents, suivre des sentiers presque impraticables. « C'était pitié, dit un historien, de voir un grand monarque quitter précipitamment sa résidence, porté dans une litière et entouré de gens mal équipés, qui se précipitaient sans ordre comme un troupeau effrayé. »

Charles se retira dans une petite ville de la Carinthie, et, reconnaissant bientôt qu'il lui était impossible de soutenir la guerre contre Maurice et les confédérés, conclut avec eux le fameux traité de Passau. Ce traité, et plus encore les événements qui l'avaient rendu nécessaire, prouvèrent à l'empereur qu'il devait renoncer à l'espoir, si longtemps caressé, de rendre l'autorité impériale héréditaire dans sa famille, et de gouverner l'Allemagne comme il gouvernait l'Espagne et les Pays-Bas.

Quelque sensible que fût pour Charles-Quint son échec dans les provinces germaniques, il supportait plus impatiemment encore la perte des villes de Toul, de Verdun et de Metz, que les Français lui avaient enlevées. La possession de ces places lui ouvrait en effet le chemin de la France, et lui donnait un avantage considérable chaque fois que la guerre éclatait entre lui et le fils de François Ier.

Il réunit donc une puissante armée et marcha

contre Metz, dont Henri II avait confié la défense au duc de Guise. Charles, forcé par une violente attaque de goutte de s'arrêter à Thionville, chargea le duc d'Albe d'investir la place et d'en commencer le siége; mais, trouvant que le duc ne le poussait pas avec assez de vigueur, il se fit porter en litière jusqu'au camp, et prit lui-même le commandement des troupes assiégeantes.

Celles-ci souffraient horriblement du froid, car la saison était avancée et la terre couverte de neige; les vivres commençaient en outre à manquer. L'empereur, comprenant alors qu'il lui deviendrait bientôt impossible de rester plus longtemps devant Metz, résolut de tenter un assaut général. Il fit battre la charge; mais ses troupes, transies de froid et découragées par la fière contenance des défenseurs de la place, restèrent immobiles au lieu de se précipiter vers les murailles.

Un prince moins opiniâtre que Charles-Quint, en voyant ses soldats dans de si tristes dispositions, se fût hâté de lever le siége; pour lui, il changea simplement son plan d'attaque, et tenta de pénétrer dans la place en se creusant un chemin souterrain. Ses troupes travaillèrent pendant sept jours sans aucun résultat; les assiégés éventaient les mines des Espagnols à mesure qu'ils les pratiquaient.

« L'empereur, dit Mézerai, ne sachant plus

quel moyen tenter, et n'entendant partout où il allait que les gémissements des soldats qui mouraient de langueur, et les menaces des autres qui le voulaient abandonner, se décida à lever le siége, nonobstant tous les serments qu'il avait faits. »

Ce siége, de l'aveu des historiens espagnols, lui coûta trente mille hommes, morts de faim, de maladie ou par le fer ennemi ; et si le reste de l'armée s'échappa, ce ne fut que grâce à l'humanité du duc de Guise, qui, au lieu de poursuivre les impériaux dans leur retraite trop semblable à une déroute, et de les tailler en pièces, leur fournit généreusement des vivres, des vêtements et jusqu'à des barques pour les conduire à Thionville.

Charles-Quint avait espéré se relever, par un coup d'éclat, de l'humiliation que lui avaient causée sa fuite d'Inspruck et l'acceptation du traité de Passau, et, au lieu de reprendre une ville importante, il perdait sous ses murs une magnifique armée qu'il commandait en personne. Ce revers eut, selon quelques historiens, une grande influence sur la détermination que nous lui verrons prendre deux années plus tard.

Toujours en proie aux crises d'un mal incurable, doublement aigri par ses souffrances physiques et morales, il se retira dans les Pays-Bas, et laissa à ses généraux le soin de continuer la guerre avec la France. Ils prirent quelques villes de second ordre; mais les succès et les pertes se balancèrent de part et d'autre.

Charles était encore dans les Pays-Bas, lorsqu'il apprit, par les médecins d'Édouard VI, roi d'Angleterre, que ce prince se trouvait atteint d'une maladie incurable. Aussitôt il songe à demander pour son fils Philippe la main de Marie d'Angleterre, l'héritière de la couronne d'Édouard. Cette alliance s'accomplit en effet quelque temps après, lorsque Marie eut pris possession du trône; mais il n'en résulta pour la maison d'Espagne aucun des avantages que Charles avait espérés, car Marie mourut sans enfants, après avoir vécu en assez mauvaise intelligence avec son époux.

L'union de Philippe ne précéda que d'une année l'abdication de son père. Ce fut à Bruxelles, le 25 octobre 1555, que Charles-Quint, dans une séance solennelle des états généraux, convoqués à cet effet, se démit, en faveur de Philippe son fils, qu'il avait rappelé d'Angleterre, de ses domaines, de sa juridiction et de son autorité souveraine dans les Pays-Bas.

Quelques semaines plus tard il résigna également entre les mains de Philippe sa couronne d'Espagne avec tous les territoires qui en dépendaient, ne se réservant qu'une pension annuelle de cent mille écus.

Un pareil acte, de la part d'un homme qui avait donné tant de preuves d'une ambition démesurée, causa dans toute l'Europe un profond étonnement. « Il y eut divers jugements, dit l'historien Mézerai, du vulgaire et du sage même sur cette action si extraordinaire. Les uns l'attribuaient à extravagance et diminution d'esprit, disant que la folie, qui avait été cachée par la vigueur de son âge, paraissait lors de sa vieillesse, et qu'il montrait bien qu'il était le fils de sa mère, devenue folle; quelques autres croyaient qu'il faisait retraite pour expier ses péchés dans la solitude, et satisfaire à la justice divine de tant de maux qu'il avait causés dans la chrétienté, de tant de millions d'hommes qu'il avait fait périr, de tant de provinces ruinées, mais principalement du saccagement de Rome et de la captivité du saint-père. »

Les divers motifs énoncés par l'historien français, les derniers surtout, ont peut-être eu une part plus ou moins forte à la détermination de Charles-Quint; mais il faut chercher ailleurs la cause réelle de l'abdication de cet homme extraordinaire, une des plus grandes figures des temps modernes.

En proie aux souffrances cruelles de la goutte, dont les accès devenaient de plus en plus fréquents, non-seulement Charles ne pouvait plus s'occuper, d'une manière suivie, de l'administration de son immense empire, mais il sentait avec effroi toutes ses facultés intellectuelles s'engourdir sous les étreintes de la maladie. Cet affaiblissement moral et physique, auquel son orgueil attribuait ses récents malheurs, il résolut de le cacher au monde; et, pour y parvenir, il préféra déposer volontairement les rênes de l'État, avant que ses amis et ses ennemis pussent s'apercevoir que les mains qui les avaient si habilement et si vigoureusement tenues, commençaient à hésiter et à trembler.

Charles, après son abdication, se retira dans le couvent de Saint-Just en Espagne. Ce couvent se trouvait placé dans un site charmant de l'Estramadure, si renommée par la douceur et la salubrité de son climat.

Dès ce moment, Charles cessa de s'occuper de la politique, et vécut dans un isolement presque complet. On sait que, pour occuper ses loisirs, il se livra à des travaux mécaniques, fit des horloges, des automates et des machines; mais, quelle que fût l'ardeur qu'il mît à ces travaux, jamais il ne manqua d'assister aux prières et aux offices de la communauté. Sur la fin de sa carrière, il tâcha même de s'assujettir à toute l'austérité de la vie monastique. Quoi qu'il en soit, il est difficile de savoir s'il faut attribuer à un excès de dévotion, ou à des motifs plus humains, la résolution qu'il prit de célébrer ses propres obsèques avant sa mort. Il se fit placer dans un cercueil et porter dans la chapelle du couvent, où l'on chanta l'office des morts; à la fin de la cérémonie on jeta, suivant l'usage, de l'eau bénite sur le cercueil, et tout le monde s'étant retiré, les portes de l'église furent fermées.

Alors Charles sortit de la bière, et gagna ses appartements. Soit qu'il eût été trop vivement impressionné, soit que la longueur de la cérémonie l'eût fatigué outre mesure, il fut, le jour même, pris d'une fièvre qui l'emporta le 21 septembre 1558, à l'âge de cinquante-huit ans.

FIN

TABLE

www.ingramcontent.com/pod-product-compliance
Lightning Source LLC
LaVergne TN
LVHW051016200726
843508LV00001B/237